KB151210

HRD
프로그램개발
사례

조대연 외 10인 공저

박영story

양재고등학교 민병관 교장선생님께서 사서(四書)의 하나인 중용(中庸)에 나오는 말 중에 '능구지미(能久知味)'라는 말을 소개해 주셨습니다. '어떤 일이든 그 맛을 알려면 오랫동안 능력을 갈고 닦아야 알 수 있다'는 뜻입니다. 어느 한 분야에서 오랫동안 전문성을 갖추고자 노력한다면 어느 순간 그 참맛을 알고 더 큰 기쁨과 즐거움을 알 수 있게 됩니다.

평생교육이나 HRD 분야의 프로그램개발에 오랫동안 일하면서 전문성을 갖추고 프로그램 개발의 참맛을 느끼는 것! 바로 이 책은 평생교육 또는 HRD 프로그램 개발자들이 그 전문성을 갖추는데 있어 작은 도움을 드리고자 집필되었습니다.

그런데 평생교육 또는 HRD 프로그램개발 분야에서 위 '능구지미(能久知味)'를 다른 방향으로 해석했을 때 우리는 큰 실수를 범하게 될 수 있습니다. 어떤 일이든 그 맛을 알기 위해 오랫동안 능력을 갈고 닦은 사람을 우리는 내용전문가(Subject Matter Expert: SME)라고 부릅니다. 내용전문가들이 그 일의 내용과 참 맛을 알기에 그들에게 프로그램 개발을 맡긴다거나 또는 내용전문가가 아니기 때문에 프로그램 개발을 할 수 없다는 오해를 갖게 될 수 있다는 점입니다.

평생교육 또는 HRD 프로그램개발은 예술(Art)이면서 동시에 과학(Science) 기반의 의사결정 과정입니다. 일의 내용에 대한 전문성과 풍부한 경험은 프로그램 개발에 매우 큰 도움을 주는 중요한 구성요소입니다. 그러나 그 것이 전부는 아닙니다. 프로그램을 개발하는데 있어 과학적 측면의 구성요소들이 필요하며 이것이 프로그램 개발 과정을 이끌게 됩니다. 그 사이사이 내용전문가들로부터 매우 고차원의 예술적인 요소들이 가미가 된다면 더욱 아름다운 프로그램이 개발될 수 있다고 봅니다. 따라서 이 책은 개발전문가들이 내용전문가들과 함께 프로그램 개발과정을 다양한 차원에서 진행한 사례들을 제시하고 있습니다.

1998년 권대봉 교수님께서 '한국의 기업교육 사례연구'를 집필하신 이후 국내 HRD 분야에서 사례 관련 책은 쉽게 찾아 볼 수 없었습니다. 그 당시 권대봉 교수님께서 휴먼웨어를 주창하시면서 사람과 인재 육성에 대한 중요성을 강조하시고 이를 반영할 수 있는 다양한 세팅의 기업교육 사례를 담은 책이 출판된 이후 그 정신을 이어 받고자 후학들이 뜻을 모아 이 책을 집필하게 되었습니다.

이번 2017년 2학기는 권대봉 교수님께서 정년퇴임하시는 마지막 학기입니다. 앞으로 권대봉 교수님의 깊은 뜻을 받들어 많은 후학들이 더 많은 다양한 사례들을 탐구하고 이를 현장에서 활용하여 능구지미(能久知味)의 지름길이 되었으면 하는 바람입니다.

특히 이 책은 Best 사례만을 담지는 않았습니다. 이 각 장의 사례들이 그 상황에서 최선의 의사결정을 했을 지라도 독자들이 처한 지금 상황이 다를 수 있으므로 더 좋은 방법과 과정을 생각해 볼 수 있을 것입니다. 각 장에서 좋은 점을 취하여 현장에 적용하는 것은 물론이고 아쉬운 점을 찾아 이를 개선할 수 있는 아이디어를 찾는 것도 능구지미의 좋은 예일 것입니다.

2017년 10월 10일
저자 일동

차 례
Contents

04 K사의 조직개발 프로그램 개발

김현근

05 A그룹사 Self-leader 온라인과정

유승현

06 S사 신입사원 입문과정 개발 사례연구

이만호

10 A사의 영업 지점장 교육과정 개발

최정희

11 A사 기능직 사원의 전문성 향상을 위한 진급 교육과정 개발

이주영

01

HRD 프로그램
개발 모형

조대연

The casebook of
HRD program development

HRD 프로그램개발 사례

01 HRD 프로그램 개발 모형

조대연

기업교육 현장에서 HRD 프로그램 개발은 HRD 담당자의 핵심적 역할 가운데 하나이다. 2014년 Association for Talent Development는 'ATD 역량 모델'에서 10개의 전문성 영역(Areas of Expertise)을 발표하였다. 이들 중 HRD 프로그램 개발과 관련된 전문성 영역은 교수설계(Instructional Design), 교육훈련전달(Training Delivery), 학습프로그램 관리(Managing learning programs)와 학습성과측정(Evaluating learning impact)을 포함한 4개에 이른다. 따라서 HRD 담당자에게 HRD 프로그램 개발은 매우 큰 비즈니스라고 볼 수 있다.

1 프로그램 개발의 이론적 접근: 3가지 모형

성인대상 교육프로그램 개발의 이론적 틀을 크게 3가지 차원에서 논의할 수 있다(조대연, 2004). 첫째, 1949년 Tyler 이후 현재까지도 프로그램 개발 모형의 가장 큰 흐름을 이어가고 있는 전통적 모형이다. 전통적 모형에는 Knowles의 Andragogy 모델, Houle의 자연주의 모델, Dick & Carry 모델, ADDIE 모형 등이 속한다. 전통적 모형의 특징은 규범적이고 합리적이라는 점이다. 규범적이라는 의미는 개발자가 프로그램을 개발하기 위해 '무엇'을 해야 하는지에 초점을 두고 있다. 따라서 개발자가 수행해야 할 과업들을 열거한다. 그리고 합리적이라는 의미는 개발자가 프로그램을 개발하기 위해 '무엇'을 해야 하는지의 순서가 정해져 있다. 개발자가 수행하거나 의사결정해야 할 과업들이 일련의 단계들 속에 포함되어 있다. 이와 같은 특징들을 잘 표현하기 위해 전통적 모형에 속한 모델들은 박스와 화살표 또는 직선으로 그 흐름을 제시하는 것이 공통된 특징이다.

둘째, 90년대부터 Cervero와 Wilson(1994)은 실제 프로그램 개발 현장에서 전통적 모형이 한계가 있음을 발견하고 실제 프로그램 개발자들이 처한 다양한 상황들을 간과했었다고 비판하였다. 우리는 개발자의 일상적인 사회적 일(Cervero & Wilson, 1994)에 더 관심을 가져야 한다. 이들은 정치협상모형을 제시하면서 실제 프로그램 개발과정에서 일상적으로 발생하는 개발자와 다양한 이해관계자 집단간의 정치적 파워관계와 협상에 초점을 두고자 하였다. 개발자는 복잡한 조직의 사회적 구조 속에서 프로그램을 개발한다. 즉 조직이 갖고 있는 전통과 조직문화 그리고 이해관계 및 조직내 정치적 구조 등은 프로그램 개발자의 개발 작업에 영향을 미친다(조대연, 2004). 즉, 개발자의 의도와 관계없이 조직내 파워나 이해관계 등의 정치적 요소들 사이에 개발자가 위치해 있고 결국 다양한 이해관계자간 파워관계를 고려한 협상력이 프로그램 개발에 있어 중요할 수 있다. 예를 들면, 요구분석에서 Level 1의 요구와 Level 2의 요구를 고려할 경우, 두 Level 간 요구가 서로 다르다면 개발자는 이 상황을 어떻게 중재하고 해결할 것인가? 개발 예정인 프로그램의 이해관계자를 단순히 Level 1과 Level 2로만 한정해 볼 때도 서로간의 이해가 다를 수 있으며 Level 2 내에도 다양한 이해관계자 집단이 포함될 수 있기에 복잡한 이해관계를 중재하면서 프로그램을 개발하는 것이 바로 개발자의 일상적인 사회적 일이라고 보는 것이다. 그렇다면 다양한 그룹의 복잡한 이해관계를 어떻게 중재할 것인가? Cervero와 Wilson은 사실 이 부분에 명확한 답을 제시하고 있지 못하다. 다만 원칙만을 제시하고 있다. 개발자들은 처한 상황을 이해하고 민주적, 윤리적 측면에서 다양한 전략들을 그 상황에 맞게 잘 활용해야 한다고 하였다.

셋째, 통합모형은 전통적 모형의 장점과 정치협상모형의 장점을 함께 고려한 개발접근 방법이다. 정치협상모형이 지난 60년 이상 프로그램개발 모형의 이론적 기반이었던 전통적 모형에서 전혀 생각하지 못했던 새로운 시각을 제시함으로써 매우 신선한 자극을 준 것은 사실이다. 그러나 프로그램 개발의 방법론 상에서 개발자에게 많은 실천적 도움을 주는데 한계가 있는 것도 사실이다. 따라서 두 모형의 장점을 서로 살려 함께 녹아내고자 하는 것이 통합모형이다. 통합모형은 전통적 모형의 과업들을 모두 포함한다. 다만 단계를 고집하지 않는다. 따라서 모형에서 화살표나 단계적 절차를 의미하는 선이 보이지 않는다. 즉 정치협상모형에서 강조하는 개발자가 처한 상황을 고려하여 과업들 중에서 선택할 수 있게 하였다. 통합적 모형의 대표적인 예가 Sork(2000)의 모델로 프로그램 개발과 관련한 질문들로 구성 되며 전통적 모형에서 강조하는 선형적 단계들을 피함과, 동시에 개발자의 상황에 맞는 적절한 해법을 찾고자 안내하는 모형이다. Caffarella(1998-9) 의 상호작용 모델도 통합적 모형의 대표적언 모델이다. 이 모델은 각 구성 요소별로 대표적 과업들을 포함하면서 프로그램 개발 상황을 분석하고 그 상황에 맞는 구성요소를 선택하여 사용할 것을 강조한다. 또한 개발자의 윤리의식을 강조한다.

2 HRD 프로세스에 기초한 프로그램 개발

본 장에서는 체제적 접근인 HRD 프로세스에 기반하여 프로그램 개발 과정을 설명하고자 한다. HRD 프로세스는 교육훈련 프로그램 등 HRD 솔 루션을 개발하는 절차로서 선형성을 강조하고 있기 때문에 위에서 설명한 전통적 모형에 기초하고 있다. 그러나 아래 [그림 1]에서 각 단계별로 언급된 모든 과업을 필수적으로 거칠 필요가 없으며 개발자가 처한 상황에 맞게 선택적으로 실시할 수 있으므로(조대연, 김명랑, 정은정, 2010) 통합모형이라고 볼 수 있다.

HRD 프로세스는 투입―과정―산출의 시스템적 접근에 기초하여 총 3단계로 구성된다. 첫 단계는 정보 수집 및 분석단계이다. HRD 프로세스에서 가장 중요한 단계이기도 하다. 시스템적 접근에 따르면 3단계가 인과적 관계에 있기 때문에 첫 단계인 정보 수집 및 분석의 결과에 따라서 둘째 단계의 성패가 좌우될 수 있다. Jacobs(2000)에 따르면 자료수집 및 분석단계는 대표적으로 전략적 기획, 요구분석, 성과분석 그리고 직무분석을 포함한다. 이들을 활용하는데 있어 목적과 대상에 차이가 있으나 현재상태와 바람직한 상태의 차이(gap)을 분석하기 위한 자료수집과 분석 과정들이다(권대봉, 조대연, 2013). 따라서 이들 분석들은 결국 요구분석으로 귀결된다고 볼 수 있다. 따라서 본 고에서는 각 분석기법들의 목적과 대상을 고려하고 요구분석을 결합하여 다음과 같이 구체적으로 명명하고자 한다: 전략적 기획을 통한 경영전략적 요구분석, 공급자와 수혜자로부터의 요구분석, 직무분석기반 과업요구분석, 그리고 성과요구분석. 구체적인 분석에 대한 설명은 다음과 같다.

▶ 전략적 기획을 통한 경영 전략적 요구분석: 요구분석의 주요 대상 중 하나는 경영층의 요구를 파악하는 것이다. 이것은 단순히 경영층의 HRD요구를 의미하지는 않는다. 전략적 기획은 조직의 경영전략차원에서 현재상태를 파악하고 외부환경의 기회와 위협 그리고 내부환경의 강점과 약점에 대한 스크리닝을 통해 미래 지향해야 사항들이 무엇인지를 확인하여 그 Gap을 분석하는 것이다. 전략적 기획은 일반적으로 임원대상 워크숍 형태로 진행된다. 따라서 조직내 경영층을 대상으로 한 경영전략적 요구분석이라고 할 수 있다. 여러 가지 현실적 제한으로 HRD담당자가 전략적 기획 과정에 참여할 수 없다면 간접적으로 그 기획회의에서 나온 결과물을 분석

하여 향후 조직내 HRD의 방향성을 어떻게 설정해나가야 하는가를 HRD 부서 자체적으로 검토하고 그 솔루션을 전동적(proactive)으로 제안해야 한다.

▶ 공급자와 수혜자로부터의 요구분석: 공급자와 수혜자 대상 요구분석은 다양하게 이루어 질 수 있다. 우선 요구분석에서 대상에 따라 1수준, 2수준, 그리고 3수준으로 구분할 수 있다(조대연, 2006; Witkin & Altschuld, 1995). 1수준은 수혜자, 2수준은 공급자, 그리고 3수준은 물리적 환경, 다양한 자원 및 자료 등을 고려한 요구분석을 의미한다. 그러나 위의 정치협상 모형에서도 언급하였듯이 수혜자 역시 이해당사자들로 확대한다면 매우 다양한 집단이 조직내외에 존재할 수 있다. 또한 요구분석의 주제 측면에서도 지식, 기술, 역량 등 다양하다. 최근 신수진과 조대연(2014)은 조대연(2006)의 성인대상 교육훈련 요구분석 연구동향을 분석한 틀에 기초하여 2006년부터 2014년까지 요구분석 관련 국내학술지 논문들을 분석한 결과 다음과 같은 결론을 도출하였다: 첫째, 2006년 이후 현재 상태와 바람직한 상태의 차이(gap)를 분석하고자 하는 노력이 매우 증가하였다. 이는 "바람직한 상태−현재 상대=요구"라는 정의에 기초한 연구들이 많아졌다는 의미이다. 둘째, 요구분석의 대상으로 1수준을 고려하는 경우가 많았다. 그러나 1수준과 2수준을 함께 고려할 필요가 있다. 셋째, 자료수집 방법으로 2006년 연구결과와 같이 설문지법이 가장 많이 활용되고 있으며 2006년에 비하여 보다 다양한 자료수집 방법들이 활용되었다. 넷째, 우선순위 결정에 있어 보다 체계적이고 객관적인 방법들(예를 들면, Borich의 요구도, Mink의 Locus for Focus 모델, 조대연의 설문을 통한 우선순위결정 방안 등)이 활용되었다.

▶ 직무분석 기반 과업요구분석: 직무분석은 요구분석과 의미가 다르다. 그러나 직무분석을 실시했을 때 그 결과인 과업을 갖고 요구분석을 실시할 필요가 있다. 직무분석은 특정 job의 직무를 수행하는데 필요한 행위를 규명하기 위해 정보를 수집·분석하는 체계적 절차이다(조대연 외, 2011). 가장 대표적인 직무분석 방법이 DACUM(Developing A CurriculUM)이다(이지선, 조대연, 2015). 직무분석인 DACUM의 최종 결과는 과업 도출이다. 일반적으로 하나

의 Job에서 75-125개의 과업들이 도출된다. 그러나 DACUM은 소수의 전문가 패널에 의해 진행되기 때문에 그 결과인 과업들을 다시 한 번 현장에서 확인하는 작업이 필요하다. 이때 설문지를 통해 빈도, 중요도, 난이도 등을 체크한다. 이를 통해 '중요도-빈도=(과업)요구'가 도출될 수 있다. 즉 각 과업에 대한 현재 수행정도와 미래 또는 중요도간의 gap을 파악하여 최우선순위로 요구되는 과업들을 도출할 수 있다. 최우선순위에 포함된 과업들 중 교육으로 해결될 수 있는 과업들을 분석하는 과정이 과업분석(task analysis)이며 과업분석의 결과들을 갖고 그 내용을 분석하는 것을 내용분석(content analysis)이라고 한다.

　▶성과요구분석: 위에서 요구분석의 주제는 지식, 역량 등 다양할 수 있다. 지식에 대한 요구분석을 실시한다면 지식은 교육으로 해결될 수 있기에 교육요구분석이라고 한다. 역량에 대한 요구분석을 실시한다면 역량요구분석이라고 한다. 만약 성과에 대한 요구분석을 실시한다면 이를 성과요구분석(또는 성과분석)이라고 할 수 있다. 즉 요구분석의 개념, 방법, 절차 등을 준용하며, 요구의 초점이 성과에 있는 경우를 성과요구분석이라고 한다. HRD에서 성과는 직무수행주체(개인, 팀, 또는 조직)의 행위에 대한 결과를 의미한다. 즉 바람직한 결과와 현재 결과의 차이를 성과요구라고 할 수 있으며 이 GAP을 도출하고 우선순위를 제시하여 최우선적으로 고려해야 할 성과요구가 무엇인가에 대한 의사결정에 도움을 주는 분석이 성과요구분석이라 할 수 있다. 성과요구분석에는 성과평가지표나 직무분석 결과를 활용할 수도 있다(권대봉, 조대연, 2013). 즉 평가지표나 수행해야 할 과업들에서 현재 성과수준과 미래 또는 중요도 사이의 성과 격차가 큰 지표나 과업들을 선별하여 우선순위를 결정하는 경우 역시 성과요구분석이라고 할 수 있다.

　앞에서도 강조한 것처럼 투입단계에서 제시한 4가지의 분석을 순차적으로 또는 모두 진행할 필요는 없다. HRD 담당자가 속한 조직의 상황에 따라서 적절한 분석전략을 선택하여 계획하고 실행하면 된다.

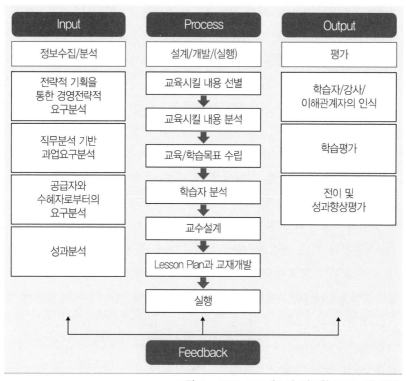

그림 1 ¦ HRD 프로세스에 기초한 프로그램 개발

둘째 단계는 교육 프로그램 설계와 개발 및 실행의 단계이다. 설계와 개발 및 실행의 단계는 첫 단계와 달리 다음과 같이 비교적 선형성을 갖는다.

▶ 프로그램에서 다루어야 할 내용을 선별한다. 정보수집 및 분석단계에서 도출된 결과들 중 교육으로 해결될 수 있는 것과 없는 것을 선별한다. 또한 교육으로 해결될 수 있는 내용들 중에서도 교육이 필요한 내용과 필요 없는 내용들을 선별한다. 수혜자와 공급자를 대상으로 교육요구분석을 실시하거나 역량요구분석을 실시할 때 우선순위가 높은 교육요구나 역량들 중에서 진정 교육으로 해결될 수 있는 그리고 교육이 필요한 요구들을 선

별하는 과정을 의미한다. 예를 들어 직무분석의 경우, 직무분석 결과 100개의 과업이 도출되었다고 하면 이들 중 교육으로 해결될 수 있는 과업들을 선별하고 이어 교육이 필요한 과업들을 선별한다. 권대봉과 조대연(2013)에 따르면, Norton박사의 말을 인용하여 하나의 job에서 보통 75−125개의 과업이 도출되고 이들 중 20개 내외가 교육이 가능한 과업들이며 그 20개 과업 중 교육이 필요한, 즉 바람직한 상태와 현재 상태에 있어 의미 있는 차이가 존재하는 과업이 10개 내외라고 하였다. 이들을 선별해 내는 과정이 프로그램 설계와 개발 및 실행에서 첫 번째 단계이다. 프로그램 개발자가 모든 과업내용에 대해 전문가일 수 없기 때문에 교육시킬 내용을 선별하는 데 있어서 SME들의 도움을 받을 수 있다.

직무분석 기반 과업요구분석의 예를 계속 들어보자. 교육에 우선순위가 높고 교육이 필요한 과업이 결정되었을 때 SME로 구성된 패널들과 과업분석(Task analysis)이 행해진다. 과업분석을 통해 하나의 과업 수행에 필요한 절차들(steps), 절차마다 잘 수행되었는지를 판단할 수 있는 성과기준(performance standard), 그 성과기준에 도달하기 위해 필요한 지식, 도구, 태도, 안전이슈들 등이 도출되며 이들이 교육시킬 잠재적 내용들이 된다(권대봉, 조대연, 2013). 성과기준은 이후 단계에서 교육/학습목표 및 평가지표로 활용될 수 있다. 즉 직무분석 기반 과업요구분석의 경우 과업분석을 실시하여 교육시킬 내용을 도출해야 한다. 그러나 위 [그림 1]에서 다른 요구분석들의 경우 과업분석이 아닌 원인분석을 실시하거나 또는 곧바로 교육시킬 내용 선별할 수도 있다. 왜냐하면 직무분석 기반 과업요구분석은 첫 단계(정보수집 및 분석)에서 과업들이 도출되지만 다른 요구분석들은 첫 단계에서 과업이 도출되지 않기 때문이다.

교육내용 선별을 위한 사례를 하나 더 제시하고자 한다. 조대연, 김명랑, 정은정(2010)은 교원능력개발평가의 수업지도 영역 12개 지표 가운데 '교수학습전략수립' 지표를 선택하고 교육부로부터 주어진 그 지표의 정의에 기초하여 교육과정개발 사례를 발표하였다. 이들은 '교수학습'과 '교육공학'

관련 개론서들에 포함된 큰 목차, 하부 목차, 그 하부의 하부 목차까지 나열하여 분석하고 이를 가지고 SME 패널들이 참여하는 명목집단기법을 활용한 의사결정과정을 통해 잠재적 연수내용을 도출하였다. 그리고 도출된 연수내용을 기반으로 한 설문 요구분석을 통해 우선순위를 도출하여 최종 연구내용들을 결정하였다.

▶ 교육시킬 내용을 분석한다. 선별된 내용을 분석하는데 이를 내용분석 (Content analysis)이라고 한다. 내용분석은 직무분석 이후 진행되는 과업분석의 결과들(예를 들면, 수행에 있어 미리 설정된 성과기준에 도달하기 위해 필요한 지식, 도구, 태도, 안전이슈들)을 갖고 더 작은 가르칠 수 있는 단위들로 나누는 과정을 의미한다. 또는 각 역량의 정의 또는 역량별 행동 지표들의 정의에서 핵심어 분석을 통해 교육내용을 도출하고 이를 가르칠 수 있는 더 작은 단위들로 나누는 과정을 지칭하기도 한다. 즉 개발자에게 주어진 여러 다양한 상황들 속에서 교육시킬 내용을 분석 틀에 의해 나누는 작업을 의미한다. 내용분석은 프로그램 개발자가 안내하고 SME들이 주도적으로 참여해야 한다. 앞 단계에서 선별된 교육시킬 내용들을 다음과 같은 분석 틀에 의해 작게 나눈다. 전통적으로 가장 많이 사용한 분석 틀은 지식, 기술, 태도로 구분하는 것이다. 그러나 최근 지식과 기술간의 구분이 어렵기 때문에 지식, 기술, 태도로의 구분은 현실성이 떨어진다. 권대봉과 조대연(2013:107)은 사실(facts), 개념(concepts), 절차(procedures) 그리고 원리(principles)로의 구분을 제안하면서 다음과 같은 설명을 추가하였다: 사실과 개념은 지적스킬 (intellectual skills)을 의미하며 절차는 각 과정의 단계를 말로 하고 행동으로 보이는 'verbal motor chain'을 의미하며 원리는 인지 및 사고전략(cognitive strategies)으로 문제해결력, 갈등관리, 의사결정 등을 포함한다. Dick, Carey 그리고 Carey(2001)는 언어적 정보(verbal information), 지적 기능(intellectual skill), 심동기능(psychomotor skill), 태도(attitude)로 구분할 것을 제안하였다. 결과적으로 선행연구들이 비슷한 분석 틀을 제시하고 있는바 권대봉과 조

대연(2013)의 제안과 Dick, Carey 그리고 Carey(2001)의 제안을 기초로 사실, 개념, 절차, 원리 그리고 태도로 구분할 것을 제안한다.

여기서 생각해 볼 점이 있다. 왜 위와 같은 내용분석이 필요할까? 내용분석의 결과는 교육시킬 내용의 계열화를 완성하는데 유용한 틀을 제공해 준다. 예를 들면, 사실보다는 개념이, 개념보다는 절차가, 절차보다는 원리가 학습자들이 습득하기에 어렵다. 즉 교육시킬 내용들을 모듈별로 배치할 때 내용분석결과를 통해 쉬운 것부터 어려운 것으로 순서를 정할 수 있도록 도움을 준다. 또한 개발자는 학습목표와 평가방법을 결정할 때도 내용분석의 결과에 따라서 유용한 정보를 얻을 수 있다. 예를 들면, 학습하기 용이한 목표를 먼저 제시하는 것 그리고 평가에서 학습자가 개념을 습득하였는지 여부를 확인하는 방법과 절차를 숙지하였는지 평가하는 방법은 달라야 한다. 따라서 내용분석의 결과가 목표설정과 평가방법결정에 영향을 미친다.

▸ 교육/학습목표를 수립한다. 교육/학습목표는 크게 TO(target objective)와 EO(enabling objective)로 구분할 수 있다. TO는 교육이 종료되었을 때 교육생들이 알고 실천할 수 있어야 하는 것들을 의미하며 EO는 TO 도달에 필요한 교육이 이루어지는 동안 교육생들이 알고 실천할 수 있어야 하는 것들을 의미한다(권대봉, 조대연, 2013). 하나의 TO에는 여러 개의 EO가 있을 수 있다. 예를 들면, 교육과정의 전체 목표가 TO라면 각 모듈별로 몇 개씩의 EO가 있을 수 있다. 또한 하나의 모듈에서 TO가 있다면 모듈을 구성하는 차시별로 몇 개의 TO가 있을 수 있다. 즉 TO와 EO는 절대적인 것이 아니라 전체교육과정의 목표, 과목 또는 모듈별 목표, 차시별 목표 등 상대적으로 TO와 EO를 설정할 수 있다. TO와 EO의 관계에 있어 몇 개의 EO들을 학습자가 성취하게 되면 결국 TO에 도달하게 된다. 교육/학습목표는 행동, 조건, 그리고 성취기준의 3가지 요소로 진술할 수 있다. 행동은 관찰 및 측정가능한 학습자의 성취 또는 수행행동을 의미한다. 조건은 성과를 결정하는 상황을 말하며 성취기준은 성과의 질을 측정하는 기준을 뜻한다.

학습목표 도달을 확인하기 위한 평가방법, 평가문항 설계 등 전반적인 평가 계획도 이 단계에서 수립하게 된다.

▶ 학습자 분석이 이루어진다. 학습자 분석은 두 가지 차원에서 진행될 수 있다. 하나는 프로그램 요구분석 후에 그 요구를 갖고 있는 대상자가 누구이며 어떤 특성을 갖고 있는지 정의하는 것이다. 또 다른 차원은 프로그램의 학습목표가 정해지고 입과가 결정된 학습자들의 특성을 파악하는 것이다. 본 장에서 학습자 분석은 후자를 의미한다. 교육에 참여하는 교육생의 현재 직무관련 지식과 기술 보유 수준, 과거 경험, 언어, 읽기, 말하기 등 표현 능력, 교육에 대한 교육생의 태도, 선호하는 교육방법이나 교육매체 등에 대한 분석이 이루어진다(권대봉, 조대연, 2013). 그러나 현실적으로 교육 참여자의 연령, 성별, 경력, 직급 등에 대한 인사정보를 갖는 것이 일반적이다.

▶ 교수설계와 Lesson Plan이 이루어진다. 교수설계는 교과목별 또는 모듈별 교육목표에 따라서 교육내용을 계열화하고 교수방법 및 매체를 구상하는 단계를 의미한다. 위에서 설명한 내용분석 결과에 기초해서 교육내용을 어떻게 구성할 것인가에 대한 결정과정이다. 교육내용 계열화는 W(Whole) − P(Parts) − W(Whole) 원칙이 적용된다(아래 [그림 2] 참조). 이 원칙은 전체 교육일정을 구성할 때도 적용될 수 있고 단위 수업 1 − 2시간의 학습 이벤트를 구성할 때도 적용될 수 있다. 예를 들면, 전체를 아우를 수 있는 큰 내용을 먼저 배치하고 구체적으로 작은 부분들을 점진적으로(예, 학습하기 쉬운 것에서 어려운 것으로) 배치한 후 마지막에 다시 전체를 종합할 수 있는 큰 주제 또는 내용을 배치한다. 권대봉, 조대연(2013)에 따르면 구체적인 교육내용의 결정은 담당 강사의 몫이지만 내용분석 결과에 따라 교과목 또는 모듈에 포함되어야 할 핵심 주제들은 HRD담당자가 제공해야 한다. 즉 강사에게 교육중 학습자들에게 전달해야 할 핵심 주제들을 알려주고 이에 대해 강사가 구체적으로 Lesson Plan을 작성할 수 있도록 안내해야 한다.

이 때 교육시켜야 할 핵심 주제 즉 교육내용의 배열은 내용분석결과에 기초한다. 아래 [그림 2]에서처럼 단순→복잡, 아는 것 →모르는 것, 구체적→추상적인 것으로 교육내용을 배치할 필요가 있다. 이는 구체적인 교육내용의 배열뿐만 아니라 HRD담당자가 상사에게 선날하는 핵심주제들노 이와 같은 순서로 전달해야 한다. 물론 복잡→단순 등의 반대 원리를 취할 수도 있다. 그러나 안드라고지 등 성인학습원리에 기반을 둔다면 아래 [그림 2]가 유용하며 이와 같은 접근은 전체적인 교육과정에서도 적용된다 (권대봉, 조대연, 2013).

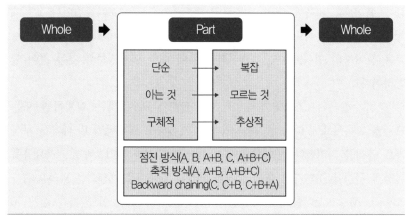

그림 2 | 교육내용의 계열화

출처: 권대봉, 조대연(2013). HRD Essence: 시스템적 접근. 서울: 박영사, p. 110.

학습 이벤트 또는 학습내용의 계열화는 W-P-W 이외에도 다양한 원리들이 적용될 수 있다. 예를 들면, Dick, Carey와 Carey(2005)는 사전교수활동(학습자의 관심 유도, 학습목표 설명, 학습자가 선수학습 정도 확인) → 주요 교육내용 전달, 학습자 참여(실험하고 강사가 피드백 제공) → 평가 및 추수활동의 원리를 강조하였다. Keller(1987)는 ARCS(주의집중: Attention → 적절성: Relevance → 자신감: Confidence → 만족감: Satisfaction) 원리를 소개했다. S-OJT로 교육내용을 전달할 때 주의집중 얻기→학습목표와 학습할 이유 설명 → 전차시 학습상기 → 학습내용전달 → 학습자의 참여기회부여 → 학습자 실습의 성과에 대한 피드백 제공 → 종합 및 향후 학습한 내용을 어떻게 활용할 것인가에 대한 확인으로 Lesson Plan이 구성된다(Jacobs, 2003).

Lesson Plan의 작성은 주로 HRD 담당자보다는 강사의 몫이다. 그러나 HRD 담당자는 강사가 작성한 Lesson Plan을 사전에 검토할 필요가 있다. 교육/학습목표와 내용의 연계성, Whole – Part – Whole원칙에 입각한 학습 이벤트들의 계열화 적합성, 교육매체의 적절한 활용 가능성, 학습목표와 평가의 연계성 등을 확인해야 한다. 우리는 이미 앞에서 다양한 분석방법과 그 산출물들을 확인하였고 이 결과들에 의해 Lesson plan이 작성되어야 함을 알고 있다. 그러나 다양한 분석과정에서 교과목별 또는 모듈별 핵심주제들을 도출한 후 자세한 학습내용들은 강사에 의해 결정되는 현실을 고려한다면 Lesson Plan에 담겨져 있는 내용들을 HRD 담당자가 확인하는 것은 내용전문가가 아니라면 쉽지 않다.

교재의 구성은 강사들이 제출한 강의 파일을 종합하여 교재로 만드는 것이 일반적이지만, HRD 담당자가 SME들과 함께 교재를 직접 개발할 때도 있으며 이 경우 강사를 위한 매뉴얼을 먼저 만들고 그 내용 중에서 선택하여 학습자를 위한 교재를 구성하는 것이 효율적이다(권대봉, 조대연, 2013). 또한 교수설계관련 문헌들에서 교육방법에 따른 교육매체 선택을 포함하고 있지만, 이는 현실적으로 HRD 담당자의 몫이라기보다 강사의 몫이므로 여기서는 논외로 한다.

셋째는 산출(output)단계로 평가 및 개선을 위한 단계이다. 평가단계는 HRD 프로그램의 목적과 상황에 따라서 학습자의 인식 정도, 학습을 통한 목표도달 정도, 전이를 통한 성과향상 정도를 선택하여 평가할 수 있다. 평가의 목적은 크게 3가지로 나뉠 수 있다. 첫째는 개별 HRD프로그램의 존속여부에 대한 의사결정을 위해, 둘째는 기존 HRD프로그램의 개선점을 찾기 위해, 셋째는 조직내 HRD부문의 존재 이유를 정당화하기 위함이다.

▶ 학습자의 인식에 대한 평가는 교육에 대한 전반적인 반응을 살펴보

기 위한 만족도 평가가 대표적이다. 강사, 교육내용, 교육방법, 교육시설에 대한 학습자의 만족정도를 평가한다. 이때 주의할 점이 있다. 학습자에게 만족도를 물을 때 학습자가 인식하기 어려운, 즉 전문가가 판단해야 하는 문항들을 구성하여 평가하는 경우가 있다. 예를 들면, 교육목표와 내용의 연계성, 학습자료의 효과성 등은 전문성에 기초하여 응답할 수 있는 질문 이지 단순히 학습자의 만족도를 물을 수 있는 질문이 아니라고 할 수 있다. 또한 학습자에게 교육을 제공한 강사에게 학습자 및 주관 기관의 만족도 평가도 고려해 볼 수 있다. 강사에게 만족도를 확인한다면 학습자 태도, HRD 담당자의 역할, 교육시설 등을 평가할 수 있다. 만족도 평가는 HRD 담당자에게 1차적인 피드백을 제공해 줄 수 있다.

▶ 학습자의 학습정도에 대한 평가는 학습목표에 따라서 학습평가의 방 법이 달라진다. 학습결과의 평가방법에는 행동관찰, 질문지, 구술, 지필평 가, 암기, 체크리스트 등이 활용될 수 있다. 예를 들면, 학습목표가 A라는 개념에 대한 정확한 이해를 바탕으로 A의 적합한 사례와 적합지 못한 사례 를 구분하는 것이 학습목표라고 한다면 이때 지필이나 구술평가가 활용될 수 있다. 다른 예를 들어보자. 학습목표가 ***을 단계별로 실행할 수 있다 라고 한다면, 각 단계별로 학습자가 적절히 수행하는지 여부를 체크리스트 를 통해 평가할 수 있다.

▶ 성과평가는 학습자가 현업에 복귀했을 때 학습결과의 현업적용정도 와 이를 통한 성과향상정도에 대한 평가를 의미한다. 일반적으로 현업 복 귀 후 일정기간이 지난 시점에서 설문과 전화인터뷰 또는 초점집단면접회 의 등을 통해 학습된 내용의 현업적용정도를 묻는 자료를 수집한다. 학습 자 자신뿐만 아니라 360도 평가인 학습자의 상사, 동료, 그리고 부하직원 에게 학습자가 현업 복귀 후 어느 수준에서 학습된 내용이 현업에 활용되 고 있는지 확인할 수 있다. 성과평가는 교육 종료 후 일정 시간이 지나 현 장에서 진행되므로 HRD 담당자가 자료를 수집하기에는 어려움이 따를 수 있다. 따라서 조직내 성과평가 시스템을 구축하고 제도화하여 일정기간(예

를 들면, 3개월 후)이 경과한 후 성과평가를 학습자와 상사에게 의무적으로 부과하는 것이 바람직하다.

▶ 평가는 시점에 따라서 HRD 프로그램의 Before, During 그리고 After 로 구분할 수 있다. 프로그램 전에 사전평가가 실시되며 학습자들의 준비도 (예를 들면, 선수학습지식, 역량, 학습동기 등)에 대한 현재수준을 파악하고 사전 학습내용이 주어졌을 때 교육 첫날 사전학습여부를 평가할 수 있다. 프로 그램 중간에 실시되는 평가를 형성평가라고 하며 학습자의 진전(progress)정 도에 대한 정보를 수집한다. 본래 형성평가는 프로그램을 개발하는 과정에 서 관련된 정보를 수집·분석하여 프로그램 보강을 목적으로 하나 이를 약 간 변형하여 수업을 진행하면서 실시하는 다양한 학습 성취에 대한 일련의 평가활동으로 인식된다(임철일, 연은경, 2015). 총괄평가는 교육종료 또는 그 이후에 실시되는 평가를 의미한다. 따라서 앞에서 언급된 학습자의 인식에 대한 평가, 교육종료와 함께 실시되는 학습자의 학습정도에 대한 평가, 성 과평가는 총괄평가라고 볼 수 있다.

권대봉, 조대연(2013). HRD Essence: 시스템 접근 기반. 서울: 박영사.

박용호, 조대연, 김벼리, 노유경, 왕몽, 정희정, 홍순현(2011). DACUM법을 이용한 초등학교 방과후학교 강사 직무분석. HRD연구, 13(1), 163-186.

신수진, 조대연(2014). 기업과 지역사회의 성인 대상 교육훈련 요구분석 연구동향: 2006-2014년 발표된 국내 학술지를 중심으로. 한국교육학연구, 20(3), 79-96.

이지선, 조대연(2015). DACUM의 활용: 국내학술논문을 중심으로. HRD 연구, 17(4), 1-18.

임철일, 연은경(2015). 기업교육 프로그램 개발과 교수체제설계. 파주: 교육과학사.

조대연(2004). 미국 성인교육 프로그램 개발 이론의 동향: 1990-2001. 평생교육학연구, 10(1), 27-42.

조대연(2006). 국내 성인교육훈련의 요구분석 연구동향: 1990년-2005년 관련 문헌을 중심으로. Andragogy Today: International Journal of Adult & Continuing Education, 9(1), 85-106.

조대연, 김명랑, 정은정(2010). 교원 연수프로그램 개발 전략 : 교원능력개발평가지표를 중심으로. 한국교육, 37(3), 163-182.

Caffarella, R. S. (1998-99). Planning programs for adults: An interactive process. *Adult Learning*, 10(2), 27-29.

Cervero, R. M., & Wilson, A. L. (1994). *Planning responsibly for adult education: A guide to negotiating power and interests.* San Francisco: Jossey-Bass Higher and Adult Education Series.

Dick, W., & Carey, L. (2001). The systematic design of instruction: Origins of systematically designed instruction. *Classic writings on instructional technology*, 2, 71-80.

Dick, W., Carey, L., & Carey, J. O. (2005). *The systematic design of instruction.* Boston: Allyn & Bacon.

Jacobs, R. L. (2000). *Lecture note of ED. PAES. 757. Aspect of human resource development.* OH: The Ohio State University.

Sork, T. J. (2000). Planning educational programs. In A. L. Wilson & E. R. Hayes (eds.), *Handbook of adult and continuing education.* San Francisco: Josseey−Bass Publishers.

Witkin, B. R., & Altschuld, J. W. (1995). *Planning and conducting needs assessments: A practical guide.* Thousand Oaks, CA: Sage.

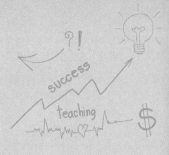

A사 직무교육
개발 과정

신다정

The casebook of
HRD program development

HRD 프로그램개발 사례

02 A사 직무교육 개발 과정

신다정

1 교육과정 개발 배경

최근 A사업본부는 2000년 후반에 신설된 이래 매년 연 매출 평균 30% 이상 증가하며, 폭발적 규모로 성장하였다. A사는 향후 2020년까지 A사업을 핵심 성장동력원으로 확대하려는 중장기 계획을 수립하였으며, 이에 따라 A사업본부 내 암묵적으로 전수되고 있는 직무 지식과 스킬을 체계적으로 양성하고자 하는 경영층과 내부 직원들의 수요도 증대되었다. 따라서 인재육성팀에서는 전략적 Intervention으로써 Junior(사원 1~3년차 혹은 실무 2년 이하 직원들)를 중점 교육대상으로 지정하고, 교육요구조사를 통해 현 수준을 분석하고, 바람직한 기대역량 수준을 수립하여 맞춤화된 교육과정을 개발하고자 하였다. 즉 본부 소속 실무 2년 이하 직원들을 타겟으로 맞춤화된 교육과정을 통하여 업무 기초틀을 형성하는 공통지식 및 실무Skill을 습득하고 실무 활용성을 증대하고자 하였다.

A사업본부 직무교육 개발 배경은 다음과 같이 3가지 차원에서 논의될 수 있었다.

첫째, A사업본부의 가파른 성장추세를 반영하고자 하였다. A사업본부는 2000년대 후반 2개 팀으로 신설된 이래 6년만에 본부로 발돋움하여 사업규모가 급속도로 성장하였으며, 매출액, 사업영역, 조직규모 면에서 괄목할 만한 성장세를 보였다. 매출규모는 첫해 대비 불과 6년만에 10배가 넘는 성장세를 보였다. 조직 규모는 3개실 8개팀으로 확대되어, 100명이 넘는 직원이 소속되어 있는 본부조직으로 격상하였다.

둘째, A사업본부는 A사의 핵심성장동력원으로서 사업을 지속적으로 확대하는 것을 목표로 하는 2020년 중장기 사업계획을 수립하였다. 이에 따라 2014년 A사는 추후 5년의 연간 전략을 발표하였다. 5년간 A사업 다방면의 외형 확대를 전략으로 하여, 2020년에는 안정적인 성장기에 이를 것을 목표로 하였다. 투자액/조직인원 규모면에서 2015년 대비 투자액 250%, 인원은 357% 증대를 달성 수준으로 하였다. 또한 사업진입―성숙기를 거친 2020년에는 직원들의 원활한 직무 이동 및 전략적 CDP를 통한 A사업 직무통합형 인재를 양성하려는 계획을 가지고 있었다.

셋째, 현재 사원급의 직무 전문성 개발을 위한 공식적인 교육과정이 부재한 상황으로, 특히 직무 기초 이론/Skill 교육이 전무하였다. 현재 A사업본부는 조직별 OJT를 시행하거나, 내부 필요에 따른 자체 교육을 시행하고는 있지만 체계적 직무분석 절차를 거친 공식적인 직무역량 육성은 행해지지 않고 있었다. 이는 대형 경쟁회사와 비교해도 미흡한 실정이었다. 또한 주력 사업인 B사업본부와 C사업본부의 경우 본부별 공식적인 직무 전문교육 과정을 보유하고 있어 교육 불균형이 우려되는 상황이었다.

본부 신설 직후 업무량과 사업 규모를 급격히 확대하였기 때문에 시간을 들여 사람을 육성하기보다는 이미 전문성을 보유한 대리급 이상의 경력사원 유입을 우선으로 진행하였다. 이와 동시에 신입사원도 매해 채용되었다. 그 결과 인원 구성을 살펴보면 대리급 이상 직급자는 경력사원이 87%(공채 13%)를 차지하는데 반해, 사원의 경우 공채 직원의 비율이 81%(경력 19%)에 달하였다. 인재육성팀은 이미 해당 직무의 전문성을 인정받고 채용된 경력사원의 비중이 절대적인 대리 이상 직급보다는 A사가 첫 직장인 사원 1~3년차를 대상으로 교육하는 것이 우선적으로 필요하다고 판단하였다.

　　이러한 미래 중장기 전략과 현재 직원 수준 분석을 통해 A사업본부 내 각 8개 부서에서 요구하는 통합지식을 도출하기 위하여 각 직무를 수행할 때 필요한 Knowledge/Skill의 교집합을 선별하고자 하였다. 이를 위해서는 직무 분석을 거쳐, 어떤 교과목을 양성해야 하는지 카테고리화한 후 교과를 결정하는 교육과정 개발이 요구되었다. 따라서 A사업본부의 중장기 추진계획 중 중요 전략인 A사업 통합형 인재 양성 목적을 고려하고, 현재 사원의 역량이 상대적으로 미흡하다는 판단 하에, A사업본부 전체를 총괄하는 공통 교과 선별 및 사원을 대상으로 한 교육컨텐츠 개발을 시행하였다. 인재육성팀은 이를 A직무전문교육으로 이름 짓고, A사업본부 공통지식 교과를 개발하고자 하였다.

　　이와 같이 개발배경 3가지를 고려하여 보았을 때, A직무전문교육의 특징은 아래와 같다.

> **▎A직무전문 교육과정의 주안점**
> - A사업본부 전체를 아우르는 공통교과를 선정하여 기초 실무에 필요한 Knowledge/Skill을 육성하는 것을 목적으로 한다.
> - 본부 소속 Junior(사원급)들을 대상으로 현재 직무수준과 필요수준을 조사하여 맞춤 교육과정을 개발한다.
> - 교육형태는 집합교육으로 개발하고, 교육 사후 지필평가를 통한 학습 성취도를 측정하여 승진 가점에 반영한다.

2 ▶ 구체적 개발 프로세스

　　A사업본부 직무교육 과정은 아래와 같은 체계적인 교육과정개발 절차를 통하여 개발되었다. 전체 개발 Process는 아래 [그림 1]과 같다.

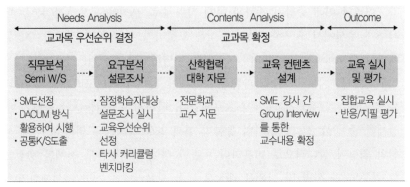

그림 1 | 교육과정 개발 Process

　　먼저 요구분석은 2가지 분석 절차를 거쳤다. 첫째, A사업본부 내 공통 교과를 추출하기 위한 목적으로 SME를 대상으로 A사업본부 직무전문가 (SME)를 선발하여 직무분석 워크숍을 실시하였다. 워크숍은 DACUM의 방식으로 진행하였지만, 시간상의 제약으로 인하여 다소 변경된 약식 절차로 진행하였다. 기존 2013년 시행한 A사업본부 직무분석 인사컨설팅 문헌자료를 활용하여 직무를 재점검하고 이에 따라 직무분석 Sheet를 작성하게 하였다. 둘째, 직무분석 워크숍 시 도출된 공통 Knowledge/Skill 결과를 토대로 잠정 학습자 대상 교육요구도 설문조사를 실시하였다. 설문조사는 교육 Target(사원 1년차~3년차) 직원들을 대상으로 직접 설문지를 배포하여 회수하는 형식으로 진행되었으며, 각 항목간 중요도, 수행도(현재 수준)를 기재하고 그 Gap을 도출하여 우선순위를 결정하였다. 셋째, 직무분석 시 SME의 의견에 따른 공통 Knowledge/Skill 중 득표 3표 이상인 K/S, 설문조사 결과를 토대로 Borich공식을 활용한 요구도 값이 높은 교과, The Locus for focus Model의 HH사분면에 위치한 교과를 비교 분석하여, 3가지 중에 2개 이상이 포함된 교과를 최종 교과목으로 확정하는 절차를 거쳤다.

1) SME 직무분석 워크샵 시행: 공통 Knowledge/Skill 도출

▶ 직무전문가(SME) 선발

먼저 직무전문가 직무분석 워크숍을 시행하기 위해 A사업본부 직무 부문을 5가지(A기획, 운영1/2, 품질, 안전관리)로 분류하였다. A사업본부는 실적 부담과 인당 업무 부하가 큰 조직으로 직무전문가들 선발 및 워크숍 시행 시 시간제약이 있었던 것이 사실이다. 이와 같은 현실적 제약이 있어 각 현업 부서들을 대상으로 5개 직무 부문별 2~3명의 직무전문가를 선정 요청하였다. 인재육성팀은 공식 협조공문을 발송하여 부문별 부서 팀장들이 해당 부문 대리 3년차 이상/실무 3년 이상/과거 2년 인사평가 B 이상의 조건을 충족하는 직무전문가를 선정 요청하였고, 이에 총 11명의 직무전문가가 선발되었다.

▶ 직무분석 워크숍 시행

직무분석 워크숍은 DACUM 방식을 일부 활용하였지만 교육담당자가 원하는 최종 결과물인 A사업본부 공통 Knowledge/Skill(이하 K/S)을 도출하기 위하여 기존절차를 일부 변경하여 아래 [그림 2]와 같은 절차로 진행되었다.

먼저 SME는 담당 직무를 Duty와 Task로 분류하고, 수행절차(업무Process)를 플립차트에 작성하는 과정을 거쳤다. 해당 작업에 시간이 많이 소요될 것으로 예상하여 SME들에게 2013년 인사컨설팅에서 추진한 A사업본부 직무분석 결과를 제공하여 기존 Duty와 Task의 재확인, 용어수정, 추가되거나 변경된 직무를 수정 보완하여 플립차트에 작성하게 하였다.

이후 교육으로 knowledge와 Skill 주입이 필요하다고 판단되는 Task를 선정하도록 하였으며, 각 직무 SME간 합의를 통하여 교육이 필요한 Task를 도출하였다. 이렇게 선정된 Task들을 바탕으로 직무분석 Sheet를 작성하도록 하였다. 작성 후 SME는 브레인스토밍을 통하여 각각의 Sheet에 Task별 Step과 Performance Standards(수행 표준), 본 Task를 수행하기

구분	시간	주요 내용	작성예시 및 보조자료
W/S Orientation	10min	• 참가자간 인사 • 워크샵(교육과정 개발) 취지 및 교육계획 안내 • Duty와 Task의 명확한 설명 및 작성요령 안내	전지(플립 차트) & 포스트잇 활용
업무(Task) 확인	1Hr	• 각 직무별 단위 업무 재확인 및 수정/추가 작업(Duty & Task)	• Duty & Task 작성 예시
수행절차(Step) 확인		• Task 내 각 Step 확인 및 수정	Duty1 Task1 Task2 Task3 Task4 Duty1 Task1 Task2 Task3 Task4 ※ 2013년 A사업 직무분석 LIST 제공
교육요구도 조사		• 교육/Intervention이 필요한 Task 분류 - 각 Step 검토 후 분류	
지식/스킬/도구 Brainstorming	2Hr	• Brainstorming 실시 - 업무수행 표준(명확한 행위 기술) 협의 - Task별 Knowledge & Skill & Tool 작성 • SME간 토의를 통하여 결정	• 직무분석 Sheet 작성 예시
DACUM Sheet 작성	1Hr	• DACUM Sheet 작성	
공통지식 (Knowledge/Skill) 선정	50min	• 각 DACUM Sheet Gallery Walk을 통하여 SME 각각 '공통 Knowledge & Skill'에 투표 - 표수가 많은 Knowledge & Skill 를 공통교과로 선정	※ Knowledge & Skill 구성 Kit(예시) 제공

직무분석 Sheet 작성 예시 표:

Task	Steps	수행표준 (Standards)	Knowledge & Skill	전 직무 공통 K/S
선정 Task 나열	1. 2. 3.			해당 K/S에 스티커 투표

그림 2 ı A사업본부 직무분석 워크숍 계획표

위하여 요구되는 K/S를 작성하였다.

본 Sheet 작성이 끝난 후, 작성한 Sheet를 타부문 직무전문가들에게 공개하여, 이 중 SME 전원이 A사업본부 공통으로 필요하다고 판단되는 K/S에 투표하도록 하였다. 스티커 득표 개수(Sheet별 중복 K/S 참작)에 따라 공통 K/S List를 구성하였고, 이를 SME에게 공개하여 재확인하는 절차를 거쳤다. 각 Kit에 중복 투표를 받은 K/S는 각 SME들의 동의를 거쳐 명칭에 문제가 없는지 확인하였다. 마지막으로 중복 투표를 받은 K/S 중 득표 3표 이상을 받은 K/S를 공통교과로 선정하는 데 적합한 K/S로 결정하였다.

[직무분석 워크샵 시행결과]

- A사업본부 5개 부문 총 11명 직무전문가 참석
- Duty 22개, Task 127개 도출
- Task 중 교육이 필요한 Task 총 33개 분류
- Task 33개를 대상으로 직무분석(Performance Standards, Knowledge/Skill) Kit작성
- A사업본부내 사원급이 공통으로 함양해야 할 K/S 11개 도출 및 SME간 합의 완료
- 스티커 득표 순위로 공통 K/S List 확정(〈표 1〉 참조)

표 1 | A사업본부 공통 K/S List

No	공통 Knowledge/Skill	SME 득표결과
1	K/S 1	
2	K/S 2	
3	K/S 3	득표수 多
4	K/S 4	(3개 이상)
5	K/S 5	
6	K/S 6	
7	K/S 7	
8	K/S 8	
9	K/S 9	
10	K/S 10	
11	K/S 11	

2) 교육요구도 설문조사 실시

다음 단계는 실무자 현 수준 검증단계로써, SME 워크숍을 통하여 도출된 11가지 공통 K/S의 현재 보유수준과 필요수준의 차이를 파악하여 교육 우선순위를 결정하였다. 따라서 잠정적인 학습자들을 상대로 교육요구

도 설문조사를 실시하였다. 설문대상은 A사업본부 사원 1년~3년차 27명을 대상으로 실시하였으며, 설문 문항은 공통 K/S 11가지의 중요도와 수행도를 각 7점 척도(1점: 전혀 그렇지 않다, 7점: 매우 그렇다)로 기록하게 하였다. 대상자들에게 설문지를 직접 배포하여 27부 가운데 24부를 회수, 89%의 회수율을 보였다.

본 설문결과를 바탕으로 중요도와 현재 수행도간 Gap을 산출하여 Borich공식을 활용한 학습자 요구도 검증 및 The Locus for focus Model을 활용하여 교육우선순위를 산정하였다.

3) 교육 요구분석

▶ Borich 요구도 활용

A사업본부 공통 K/S에 대한 요구분석에서 Borich 공식을 활용한 요구도 값과 우선순위 결과는 아래 그림과 같다.

표 2 ı Borich의 요구도 값 결과 및 순위

No	공통 Knowledge/Skill	학습자요구도(Borich)	순위
1	K/S 1	7.42	2
2	K/S 2	6.10	7
3	K/S 3	4.35	8
4	K/S 4	6.99	4
5	K/S 5	6.16	6
6	K/S 6	7.71	1
7	K/S 7	7.15	3
8	K/S 8	4.11	9
9	K/S 9	2.69	10
10	K/S 10	0.65	11
11	K/S 11	6.45	5

Borich 요구도 값을 산출한 결과 가장 높은 요구도 값은 K/S 6번의 7.71였으며, 가장 낮은 요구도 값을 기록한 K/S는 10번의 0.65로 K/S간 높은 편차를 보였다.

▶ The Locus For Focus Model 좌표분석

The Locus for Focus 모델을 활용하여 우선순위를 분석한 결과는 아래 그림과 같다. 잠재적 학습자들인 사원급이 인식하고 있는 A사업본부 공통 K/S의 필요수준 평균은 4.41이며, Gap(불일치 수준)의 평균은 1.21이다. 필요수준의 평균과 불일치 수준의 평균을 축으로 하여 좌표평면으로 구분한 결과 HH사분면에 포함되는 K/S는 총 5개였다(아래 [그림 3] 참조). 아래 그림에서 번호는 공통 K/S 번호와 일치한다.

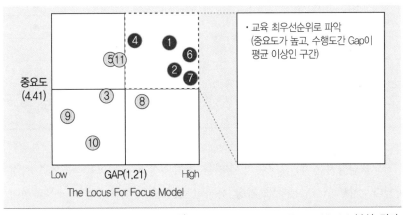

그림 3 ㅣ The Locus For Focus Model 분석 결과

4) 교육과목 확정

A직무전문교육의 최종 교육과목은 K/S 중 SME 3개 득표를 받은 상위 K/S 6개, 학습자요구도 값 6.0 이상 7개, The Locus For Focus Model HH

사분면에 위치한 K/S 5개를 고려하여 3가지 중 2가지 이상에 해당하는 K/S를 교육과목으로 확정하였다. 확정결과는 아래 〈표 3〉과 같다.

표 3 | 교육과목 확정

No	공통 Knowledge/Skill	SME 선정	학습자요구도 (Borich)	The Locus For Focus Model	교육 과목 확정
1	K/S 1		7.42	HH	■
2	K/S 2		6.10	HH	■
3	K/S 3	공통지식 득표수 多	4.35	–	
4	K/S 4		6.99	HH	■
5	K/S 5		6.16	–	■
6	K/S 6		7.71	HH	■
7	K/S 7		7.15	HH	■
8	K/S 8		4.11	–	
9	K/S 9	–	2.69	–	
10	K/S 10		0.65	–	
11	K/S 11		6.45	–	

교육담당자는 위 요구분석 절차를 걸쳐 6개 K/S를 교육과목으로 확정하였다. 이후 A사업본부와 가장 유사한 업무를 수행하면서도 교육과정이 체계적으로 수립되어 있는 B사의 교과 List 및 교육 방식을 일부 벤치마킹하여 교육과목을 확정하였다.

3 ▶ 교수설계

1) 외부 자문을 통한 외부강사 선정 및 교수내용 협의

　　인재육성팀은 A사와 산학협력 중인 OO대학교 O학과에 자문을 의뢰하여 최종 결정된 K/S에 대한 재검증 절차를 거쳤다. 또한 직무전문가들이 작성한 KIT의 각 Performance Standards를 수행목표로 간주하고 최종 선정된 6가지 K/S와 수행목표 간의 불일치가 없는지 확인하는 절차를 거쳤다. 교과목명은 K/S와 교육수행목표를 참고하여 일부 교과는 기존 K/S명칭을 그대로 옮겼고, 일부 교과명은 수정되었다. 동시에 유관 학과 커리큘럼 및 대학원 내에서 유사하게 수행 중인 교과 과정을 바탕으로 외부전문 강사 Pool을 확보하였다. 또한 B사의 교과별 사내강사 활용 방식과 교육과정의 운영 방식을 참고하였다.

　　이에 따라 교수와 SME의 자문을 통해 외부 전문가가 필요한 교과목과 사내강사가 진행해야 하는 교과목을 구분하였고, 이에 따른 강사진을 선발하였다. 과목명과 강사 확정 결과는 아래 〈표 4〉와 같다.

표 4 | 교과목 및 강사 선정 결과

No	선발된 공통 K/S	과목명 수정 여부	확정 교과명	강사		
				사내	외부	강사명
1	K/S1	유지	A	★		사내강사
2	K/S2	수정	B		★	유관 기업 스페셜리스트
3	K/S4	수정	C		★	OO대학교 O학과 교수
4	K/S5	수정	D		★	A사업 법조계 종사자
5	K/S6	수정	E	★		사내강사
6	K/S7	유지	F	★		사내강사

2) 학습컨텐츠 설계: SME, 외부강사, 교육담당자 간 Focus Group Interview 시행

인재육성팀은 보다 A사 실무에 맞춤화된 교수내용을 설계하기 위한 방법으로 선정된 6개 교과목을 바탕으로 사내외 강사, 해당교과 직무전문가, 교육담당자 간 FGI(Focus Group Interview)를 시행하였다. 사내강사 교과의 경우 직무전문가와 교육담당자 간 인터뷰를 진행하였다. 진행은 교육담당자가 맡아 1개 교과당 약 1시간 정도의 교수내용 협의 과정을 거쳤다. 진행 방식 및 인터뷰 시 논의한 교수내용은 [그림 4]와 같다.

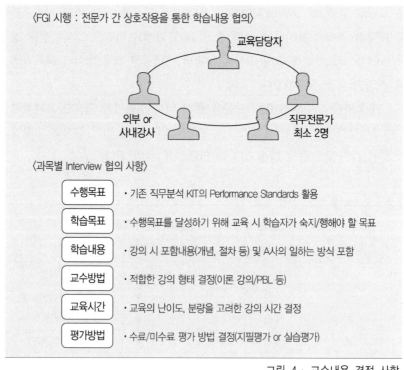

그림 4 ┃ 교수내용 결정 사항

각 6개 교과목의 직무전문가 및 강사와의 그룹인터뷰를 통하여 실제 학습자 수준, 교육니즈 재점검, 자사 실무 현황, 실무 Process 확인, 현수준과 기대수준의 Gap을 충족하기 위하여 포함되어야 할 교육내용, 실무 Case 들을 토의하였다. 토의 결과 교수내용에 적합한 교육시간을 확정하여 아래와 같이 교수내용을 설계하였다.

3) 교육과정 편성

위와 같이 그룹인터뷰 과정을 거쳐 외부 자문 및 약식의 교수설계를 기반으로 하여 교육컨텐츠를 확정하였고, 6개 교과를 아래 [그림 5]와 같이 교육과정의 난이도, 교육시간, 교수내용의 자사 맞춤화 정도에 따라 구분하였다.

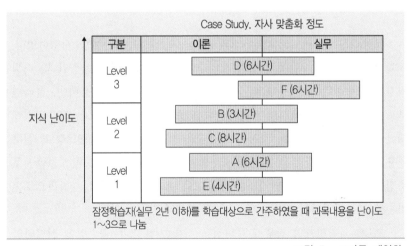

그림 5 | 교과목 계열화

이러한 과정개발 절차를 따라 개발된 A직무전문교육은 A사 본사 교육장에서, 상/하반기 2회에 걸쳐 개설되었다. 6개 과목은 집합교육 형태로 실시되었고, 전사 공지를 통해 교육 희망자를 접수하였다. 본 교육이 A본부 내 사원을 주 타겟으로 설정하여 기획된 교육이나, 교육 신청 대상을 사원~과장, 타본부희망 직원까지 확대하였다. 단 과정 공지 시 본 교육이 A 직무 실무 2년차 이하를 대상으로 개발하였다는 점을 명시하였다. 또한 본 교육의 활용성을 높이기 위하여 직원 본인에게 필요한 교과만 선택하여 수강할 수 있도록 운영하였다. 단 교과는 최소 4개 이상 선택하여, 이후 지필 평가에서 평균 70점 이상을 획득하여야 승진가점을 획득하는 것으로 제도화하였다. 4개 이상 수료 시 3점, 전 과목 수료 시 5점의 승진 가점을 획득하는 것을 원칙으로 하였다.

4 평가방법 및 결과

교육과정 평가는 Kirkpatrick의 평가모형 중 1, 2단계를 시행하였다. 교육 시행 직후 1, 2단계의 평가가 이루어졌으며 학습자 반응평가 및 지필평가를 시행하였다. 반응평가는 사내 설문조사 시스템을 이용하여, 온라인으로 진행하였다. 교육시행 직후 실시하였으며 평가항목으로는 교육과정에 대한 추천지수, 교육구성, 강사의 학습내용 전달력 및 지식 함양 정도, 실무 활용 유용함 정도를 5점 Likert척도(1점: 매우 그렇지 않다, 5점: 매우 그렇다)로 측정하였다. 단순 교육 만족도는 직무교육 효과성을 측정하는 항목으로는 미흡하다고 판단하여 타인 추천지수로 대체하였다.

2단계 지필평가의 경우 교육과정을 시행한 해당 주 금요일에 실시하였다. 과목당 10개 문항으로 단답형 주관식과 객관식 문항으로 구성하여 출제하였다. 교과의 강사가 문제 출제를 한 후, 교육담당자가 이를 최종 보완, 수정하였다.

1) 1단계 반응평가 항목

- 만족도, 타인 추천여부(추천지수), 실무활용 유용함 정도, 강사의 전 달력 및 지식 함양 정도

2) 2단계 지필평가 항목

- 과목별 객관식, 주관식(단답식) 10문항 구성(6개 과목 총 60문항)

본 직무전문교육은 상/하반기 2회를 합산하여 총 68명의 직원이 신청 하였으며, 타 본부 소속이 30%, A본부 소속이 70%를 수강하였다. 이 중 승진가점 획득 대상에 해당하는 4개 교과 이상 수료자는 40명 가량이다. 교육 시행 직후 1단계 반응평가를 실시한 결과 응답률이 77%, 과정 만족도 도는 4.44(5점 만점), 과정추천지수는 4.36, 목적 부합 및 업무활용도는 4.2 로 나타났다.

본 직무교육의 만족도는 기존 B, C본부 직무교육의 평균 만족도가 4.0 정도인 것에 비해 높은 수치를 기록하였다. 주관식 응답항목에서는 A사업 본부 내 꼭 필요한 교육이 개설되었다고 평가하였으며, 교육의 체계적 구 성에 만족하고, 교육 내용의 실무활용도가 높았다고 응답하였다.

교과목 구성 관련 주관식 세부의견으로는 A직무 전문가 양성에 꼭 필 요한 요소들로 교육이 구성되었다고 응답하였는데 이는 체계적 과정개발 Process를 거친 결과라고 볼 수 있다. 교육 내용 측면에서는 간접적으로 알 던 내용들을 심도 있게 체득할 수 있었고 실무와 연관된 교육내용이 많았 다고 응답했다. 강사에 관해서도 실무경험이 많은 외부강사들의 교육도 좋 았지만 특히 사내강사 교육에 만족한다고 응답하였다. 하지만 교과목별 강 사 평가(5점 척도) 결과, 양적 수치로는 사내강사가 더 높은 만족도를 보이 지는 못했다. 사내강사가 강의한 과목의 만족도 평균 분포는 3.7에서 4.33

수준이었다. 본 교육의 개선의견으로는 일부 교과가 특정 직무 중심의 K/S 향상에 치중되어 있다는 의견이 있었다. 또한 교과목별 수강시간을 늘려 심화학습을 희망한다는 의견도 있었다.

2단계 지필평가의 경우 승진가점 획득과 연계되어 있고, 평가문제의 난이도를 중~하로 설정하여 평가 점수가 다소 상향 평가되었음을 확인할 수 있었다.

[2단계 지필평가결과: 응시율 92%(4개 교과 이상 수강자 대상)]
학습자 평균: 82점(1문제당 10점 부여/4~6개 교과 평균)
평균 70점 이상 수료율: 92%/응시자 대상

5 결론

본 A직무전문교육은 사업의 급격한 확대에 따라 다양화되어 있고, 복잡해져 있는 업무 관행 속에 암묵적으로 자리잡힌 직무 K/S를 체계적 요구 분석과 컨텐츠 설계에 따라 개발한 A사 최초의 직무교육이다. A본부 내 직무 K/S를 육성하는 전문교육을 개발하기 위해서는 사내에 독특한 업무 환경과 관행을 고려한 맞춤화된 교육 컨텐츠 구성이 필요하였고, 학습자의 현 수준을 정확히 분석하는 과정이 필요했다.

본 교육은 기존에 존재했던 타본부 직무교육에 비해 만족도, 교육구성, 업무활용도 면에서 높은 만족도를 보였다. 따라서 교육 기획 시 체계적 과정개발 Process를 거치는 것에 대한 당위성을 확보하였다는 측면에서 의의를 가진다. 또한 교육과정을 기획－개발－운영－평가하는 교육담당자에게는 경영층으로부터 해당 교과목의 개발을 납득시키는 근거를 제공하여 Sponsorship을 확보함과 동시에, 비즈니스 수행의 전략적 파트너로서의 역할을 담당하고 있다는 확신을 얻을 수 있었다. 본 교육과정 개발을 통해 조직 환경, 경영전략, 잠재 학습자의 현 수준 등 다방면에 산재한 교육 Needs 를 분석하고, 보다 합리적인 방식으로 우선 교과목을 선정할 수 있게 됨으로써 사내 교육담당자의 고민과 어려움을 해결할 수 있는 계기가 되었다.

또한 본 교육과정 운영을 통해 학습자 육성은 물론이고 조직의 SME와 사내강사를 확보하여 이들에게 워크숍과 강의 기회를 부여함으로써 그들 스스로 학습의 기회를 제공하고 역량을 신장하게 하는 계기를 마련하였다. 그러나 교육과정이 실무활용에 보다 유용할 수 있도록 하기 위해서는 사내 강사들을 제도적/문화적으로 보상하고 학습리더로 우대하는 사내정책이 필요하다. 이를 위하여 보상차원의 사내강사 커뮤니티 제공과 강의 승진 가점제를 실시하고는 있지만 보상 정도가 미미하여 당사자들이 실질적인 보상으로 체감하고 있지는 못한 실정이다.

본 교육의 평가 역시 2단계 지필평가에 그침으로써 교육 후 실무 활용도 및 현업 적용도 평가가 이루어지지 못했다. 이를 보완하기 위하여 교육 우수자 그룹과 교육 지필평가 하위 직원 그룹을 인터뷰 대상으로 선정하여, FGI(Focus Group Interview)를 실시할 계획이다. 본 인터뷰를 통하여 현업 적용 정도에 대한 진솔한 의견과 교과 개선의견을 반영하여 교육과정을 개편·시행할 예정이다.

03

J사 전사 핵심가치
내재화 Workshop
개발/운영

정주용

The casebook of
HRD program development

HRD 프로그램개발 사례

03 J사 전사 핵심가치 내재화 Workshop 개발/운영

정주용

1 교육과정 개발 배경

▶ 경영환경적 issue

국내 10대 대기업군에 속하는 K그룹은 창업자의 경영철학을 체계적으로 정리한 고유의 경영관리체계를 토대로 기업을 경영해 오고 있다. 30년 이상의 오랜 기간 동안 지속적인 개정과 보완을 통해 완성도가 높아진 K-WAY는 K그룹 산하 모든 계열사의 구성원이라면 누구든지 동의하고 준수해야 할 기업의 미션과 경영원칙 등을 담고 있다. 또한 조직운영에 필요한 경영관리기법은 물론 리더 및 구성원의 역할 등에 대한 기본적인 정의를 담고 있어 그룹의 모든 구성원이 하나의 지향점을 향해 동일한 목소리를 내도록 결집하는 역할을 해 오고 있다. 실제 K그룹은 K-WAY로 대표되는 강한 조직문화를 기반으로 창업 이후 지속적인 성장을 해 오고 있으며, IMF위기 등 글로벌 경영위기 속에서도 흔들리지 않는 안정적인 모습을 보여주고 있다.

K그룹 내 지주사에는 그룹 내 모든 계열사의 K-WAY 실천을 지원하기 위한 기업문화팀이 존재하는데 여기서는 계열사별 K-WAY 실천상황

을 모니터링하고 실천수준을 주기적으로 진단하여 피드백하는 역할을 수행하고 있다. 이처럼 K그룹은 K-WAY를 그룹전체 경영의 근간으로 고려하고 이를 통해 그룹의 경쟁력을 강화하고자 하고 있다.

가장 최근의 개정작업 프로세스를 보더라도 K그룹이 얼마나 K-WAY를 소중한 자산으로 생각하고 있는지를 잘 알 수 있다. 최근 개정 작업시에 지주회사 기업문화팀과 주력 관계사의 기업문화팀 멤버들이 주축이 된 TF가 구성되었다. 이 조직은 CEO들이 수 차례 진행한 '그룹 경쟁력 강화를 위한 강한 기업문화 구축 대토론회' 결과를 참조하고, 수십 차례의 구성원 대상 FGI 및 Survey를 실시하여 경영층과 구성원의 의견을 다양하게 수렴한 결과를 기초로 개정안을 만들고 그 결과를 그룹경영층에 보고하고 피드백 받아 최종적으로 개정 내용을 확정/공표하였다.

또한 이러한 개정 내용을 공유하여 실질적인 경영도구로 활용하는 것이 K그룹의 장점인데 이번 사례연구에서는 K그룹의 주력 관계사인 J사에서 어떻게 K-WAY를 확산·전파하는지를 살펴보고자 하며, 특히 그 가운데 중요한 도구인 전사 Workshop를 기획하고 운영하는 단계에 집중하고자 한다.

J사는 최근의 K-WAY 개정 내용을 CEO-임원-팀장-구성원 레벨까지 단계적으로 전파하기 위해 임원/팀장/구성원 Workshop을 매 년 시행해 오고 있다. 최초 2년간은 개정내용을 이해시키는 것이 주요한 목적이었다면 이후에는 J사에서 K-WAY를 잘 실천하기 위한 보다 구체적인 방법론을 개발하여 전 구성원들과 공유하고 구체적인 실천방안을 수립하는 것으로 Workshop의 목적이 진화되었다. J사는 1박 2일로 진행되는 Workshop을 K-WAY에 입각한 CEO의 경영전략 및 조직 운영방침을 구성원들에게 이해시키고 소통하는 장으로 활용할 뿐만 아니라 전체 구성원이 본인의 업무를 K-WAY에 입각해서 수행하고 있는지 여부를 성찰하고 개선할 수 있는 기회를 부여하는 장으로 활용하고 있다.

▶ 전략적 차원

J사는 2000년대 후반 K-WAY 개정 이후 최초의 전사 Workshop을 통해 개정된 K-WAY의 내용에 대해서 '이해'를 목적으로 진행하였다. 이후 Workshop의 주요 목적을 '이해'에서 '실천' 중심으로 변경하게 되었다.

즉 초기 Workshop이 회사 차원에서 개정된 K-WAY를 이해시킬 목적의 일방향으로 전달하는 형태였다면, 점진적인 변화를 거쳐 구성원 스스로 성찰하는 과정을 통해 K-WAY에 대해 자발적 수용도를 높이기 위한 전략을 채택하게 되었다. 특히 이번 사례연구의 대상이 되는 2013년 Workshop에서는 구체적으로는 '일의 의미'라는 모듈을 개발하여 다양한 사례와 토의를 통해 K-WAY에서 말하는 '최고지향'의 본질적 의미가 자연스럽게 구성원들에게 스며들도록 구성했다.

전년도 K-WAY Workshop이 '실천'에 무게를 두면서 매우 논리적인 접근을 통해 K-WAY 실천을 강조하였다면 2013년 Workshop에서는 철저한 자기성찰을 통해 자발적으로 실천에 대한 의지를 다질 수 있도록 기획한 것이 가장 중요한 전략적 변화였다.

2 ▶ 구체적 개발 프로세스

▶ 목표수립을 위한 요구분석

- 그룹차원의 K-WAY 확산/전파 전략 확인: 지주사 기업문화팀 인터뷰를 통해서 그룹차원의 K-WAY 전파/확산계획을 확인하고, 타 관계사의 주요 실천전략 및 우수사례를 수집하여 참조하였다. 또한 매년 실시한 그룹차원의 기업문화 진단결과를 참조하여 J사의 강점과 약점을 파악하고 개발방향에 참고하였다.
- J사 차원의 확산/전파 전략 분석: J사는 K-WAY 확산/전파를 위

해 2개 팀이 역할과 책임을 나누어 긴밀하게 협조하는 구조로 설계되어 있으며, 기업문화팀은 조직단위의 실천을 가이드하고 지원하는 역할을 하고 있다. 즉 임원 조직단위로 실천계획을 수립하도록 가이드하고 주기적으로 실천여부를 평가하여 피드백하는 역할을 하고 있다. 반면에 인재개발원의 핵심가치팀은 전체 구성원을 대상으로 전사 Workshop뿐만 아니라 임원/팀장/핵심인재 교육 시 K-WAY에 대한 이해와 실천을 높이기 위해 다양한 교육 프로그램을 개발하여 운영하고 있는 조직이다. 양 팀간의 긴밀한 협조를 통해 조직차원과 개인차원에서 이해와 실천이 가속화될 수 있도록 접근하는 것이 J사의 강점이라고 볼 수 있다.

- 내부자료 분석: CEO의 당해 년도 경영방침이 담긴 신년 메시지 및 주요 임원회의 회의록 등을 분석하여 CEO의 경영방침 및 조직 운영방안 그리고 기업문화 관련 경영층의 개발 의도를 분석하였다.
- 관련임원 인터뷰: 기업문화실장, 인재개발원장, K-WAY 실천실장 인터뷰를 통해 구체적인 경영층의 요구사항을 청취하였다.

▶학습자 분석과 상황분석

- 기존 Workshop 수행결과를 분석하여 강점과 약점을 도출하였다. 기존 Workshop 운영결과보고서를 참고하고, 참여 학습자를 대상으로 인터뷰를 시행한 결과 지나치게 논리적이며 프로세스에 기초한 접근을 하여, Workshop 내용을 수용하는데 있어서 일정부분 심리적 저항감이 있었음이 확인되었다. 즉 이미 지식적으로 알고 있는 K-WAY에 대한 일차원적인 소개가 신선함이 없었고, 퍼실리테이터의 가이드에 따라 순차적으로 Worksheet를 채우는 형태의 교수법이 성인학습자에게는 효과적이지 않은 것으로 파악되었다.
- 참여 대상자 FGI를 통해 운영형태에 대한 의견을 수렴하였다. 특히 참여구성원간 토의와 경험공유가 많은 Workshop의 속성을 고려하

여 전체 구성원을 무작위로 섞어서 분반을 구성할 것인가, 연령대 별로 분리하여 구성할까를 두고 고민한 결과, 각각의 장/단점이 있으나 유사한 연령대끼리 분반을 구성했을 때 보다 진솔하고 솔직한 토의와 교류가 가능하다라는 사실을 확인하게 되었다.

▶ 수행목표 기술

– K–WAY의 주요한 메시지 중 2013년 경영환경 및 CEO 등 경영층의 요구사항을 반영하여 2013년 구성원이 실천에 집중해야 할 역할 두 가지를 목표로 수립하였다: 첫째, 최고지향 재무장, 둘째, 조직 경쟁력 강화를 위한 개인실력향상

▶ 평가도구 개발

– 과정참여에 대한 만족도 조사는 기본으로 진행하고, 핵심가치 내재화 교육이므로 이해도 평가는 하지 않기로 하였다. 현업적용도를 평가하기 위해 구체적인 방법론까지 개발하였으나 최종보고단계에서 치열한 비즈니스 환경을 고려하여 현업에 주는 부담을 최소화하자는 의견을 반영하여 실시하지 않기로 하였다.

▶ 교수전략 개발

– 핵심가치 교육이 Awareness Training의 일종이므로 긍정적 Role 모델을 제시하여, 이에 공감하고 스스로의 성찰을 통해 행동변화를 다짐할 수 있는 구조로 설계하였다.

– 주요 메시지를 주입식으로 전달하기 보다는 참여자간의 토의와 개인성찰을 통해 스스로가 변화필요성에 공감하도록 설계하고자 주력하였다. 특히 '최고지향'이라는 키워드가 자칫 어려운 경영환경에서 구성원의 희생을 강요하는 듯한 메시지로 오해될 소지가 있으므로 신중하게 접근할 필요가 있었다.

– 기존의 동일한 Workshop에 대한 피드백 내용을 객관적으로 분석

한 결과, 철저하게 감성적 접근을 통해 스스로 변화를 선택하고 실천을 다짐할 수 있도록 구조화하였다.

▶ 교수자료개발 및 선택

– 전달하고자 하는 메시지를 직접적으로 전달하기보다는 관련된 사례를 보여주고 상호토론을 거쳐 본인의 상태를 점검하고 변화로 인한 유익함을 토의하는 형태를 거쳐 변화에 대한 긍정적인 자세를 갖도록 교수자료를 개발하였다.

  [예시 1] '최고지향'에 대한 공감/동의를 이끌어 내기 위해 '일의 의미'라는 컨셉을 가져왔다. 즉 일의 의미를 발견한 사람들이 끊임없는 노력을 통해 어려운 환경을 극복하고 지속적으로 성과를 보인다라는 메시지를 전달하였다.

  기존 연구결과를 참조하여 일을 바라보는 사람들을 3가지 유형으로 분류하였다. 첫째 경제적인 풍요로움을 얻기 위한 수단으로 일을 바라보는 사람, 둘째 사회적으로 존경받고 인정받기 위한 수단으로 바라보는 사람, 마지막으로 일 자체에서 의미, 소명의식을 발견한 사람.

  개념 전달 후 '일의 의미' 발견을 통해 행복한 직업/직장 생활을 하고 있는 대표적인 사례를 발굴하여 영상, 인터뷰 등의 자료를 보여 줌.

  마지막으로 짧은 토의 시간을 통해 각자의 사례를 공유하는 기회를 가짐.

  이는 Awareness Training의 방법론이 적용된 대표적인 사례라고 볼 수 있다. 즉, 'Good Example 제시 → Implication 공유 → 상호인터뷰 및 공유' 순으로 전개되었다.

  [예시 2] '조직 경쟁력 강화를 위한 개인실력 향상' 모듈에서는 각자의 실력에 대한 관점(Perspective)을 넓히고 (조작적 정의를 통해) 객관적인 시각을 갖도록 하기 위해 간단한 진단 Tool을 개발하여 활용함
  – 왜 실력을 키워야 하는지에 대한 당위성 제공

- *개인 실력수준에 대한 간단한 자가진단 시행*
- *'실력' 관련한 각자의 고민과 동료들의 해결대안을 청취하는 토의 진행: 당신들의 실력이 부족하니 정체해 있지 말고 분발하라! 라는 직접적인 메시지 보다는 회사에서 당장 필요한 역량/실력이 무엇이고(조작적 정의), 이 관점에서 당신들의 실력을 스스로 진단해 보고, 부족한 것이 무엇이고 어떻게 개선해 나갈지를 상호상담(Counseling game)하여 스스로 대안을 찾도록 디자인 함*

▶ 형성/총괄평가계획 및 실행
- 핵심가치 교육이므로 별도의 평가보다는 과정 말미에 참여자들의 참석 소감과 향후 실천다짐을 듣고 서로 격려하는 시간으로 대체하였다.

▶ 보완 및 실행
- 전사 Workshop 시행 1개월 전에 Pilot 과정을 운영하여 부족한 부분에 대한 피드백을 받고 개선 및 보완할 기회를 가졌다. 참석대상은 인재개발원 멤버 및 실제 퍼실리테이터 역할을 수행할 현업의 K-WAY 강사들로 구성하였다. 이 때 나온 다양한 의견을 반영하여 과정의 일부를 수정/보완하였다.

3 ▶ 평가방법 및 결과

핵심가치 내재화 교육의 성격상 이해도 테스트는 적합하지 않으므로 기본적인 과정 만족도 조사를 실시하였다(결과: 4.7점/5.0). 현업적용도는 앞쪽에서 기술하였듯이 Workshop 말미의 액션플랜 실천을 주기적으로 모니터링하여 측정할 수가 있었으나 현업에 부담을 최소화하자는 의사결정권자의 지시에 따라 별도로 시행하지 않았다.

4 결론

직무교육이 아닌 조직문화개선을 위한 전사 핵심가치 Workshop 설계/운영 시 교수전략을 어떻게 수립하고 운영하느냐에 따라 Workshop의 결과에 매우 큰 차이가 나타났다. 또한 참석자들이 회사로부터 충분히 존중받고, 환영받는다는 느낌을 주도록 진행할 필요가 있다. 특히 기업문화, 핵심가치 내재화 Workshop의 경우 참석자들이 회사에 대한 자부심을 가질 수 있도록 최대한 세련되고 섬세하게 진행할 필요가 있다. 또한 관련 내용은 철저하게 푸쉬(Push) 형태가 아닌 풀(Pull) 형태의 교수전략 수립/운영이 필요하다.

이러한 Workshop현장에서의 노력들이 현업에서 구체적인 성과(조직문화 변화, 구성원의 핵심가치 이해, 실천수준 향상 등)로 연결되기 위해서는 몇 가지 추가적으로 고민해야 할 부분들이 있다. 첫째, 핵심가치 내재화 Workshop의 성과를 평가할 지표는 구체적으로 무엇인가? 둘째, 현업성과를 위해서는 지속적인 Intervention이 있어야 하는데 인재개발원측에서 활용할 수 있는 전략에는 어떤 것들이 있는가? 셋째, 모든 교육과 마찬가지로 실천강화를 위해서는 실천을 개인의 책임으로만 둘 것이 아니라 현업의 리더들에게 관련 역할을 알리고 후원을 요청할 필요가 있다고 보는데 구체적으로 어떤 수행전략이 유효할 것인가? 마지막으로 핵심가치 내재화를 위해 인재개발원에서의 교육과 더불어 관련부서(기업문화팀, 경영전략팀 등)와의 협업을 통해 실천할 수 있는 전략들은 무엇인가?

04

K사의 조직개발
프로그램 개발

김현근

The casebook of
HRD program development

HRD 프로그램개발 사례

04 K사의 조직개발 프로그램 개발

김현근

1 프로그램 개발 배경

2013년 대내외의 악조건으로 인해 회사는 비상 경영 체제에 돌입했다. 그 여파로 당사 구성원들의 사기 및 애사심, 신뢰가 저하되었다. 2014년이 되면서 전방위적인 조직 재활성화(Revitalization)의 필요성이 높아졌다. 조직 재활성화의 이슈를 해결하기 위해 기업문화실에서는 태스크 포스팀(Task Force Team)을 만들어, 조직 차원, 팀 차원, 개인 차원의 해결 방안을 1차적으로 도출했다. 조직 차원의 해결 방안으로 비전 및 경영 현황 공유 활동, 구성원 간담회 및 CEO 오찬, CEO의 현장 방문, 전사 직책자 워크숍, 주니어 보드 운영을 통한 경영층-구성원 소통 강화, 교육 프로그램을 통한 계층별 역할 인식 강화, 전사 특강이 제안되었다. 팀 차원의 해결 방안으로 컬쳐 서베이를 통한 문화진단, 팀 대상 조직개발 프로그램, 아웃도어 액티비티(체육대회 등)가 제안되었다. 마지막으로 개인 차원의 해결 방안으로는 인력관리 제도 개선(승진, 보상, 복리 후생 등), 'Small Success' 포상 확산이 제안되었다.

이 가운데 본 사례는 팀 차원의 해결 방안 중 하나인 '조직개발 프로그램'을 구체화하는 것에 초점을 둔다. 팀은 구성원 개개인들이 가장 영향을 많이 받는 조직 단위이다. 따라서 변화에 대한 효과가 매우 크다. 특히, 회사 전체에 대한 신뢰가 낮아져 있는 상황에서 팀장이 주축이 되고 팀원 상호간 협력을 강화한다면 회사 전체의 신뢰를 높일 수 있는 촉매제가 될 수 있다. 또한 조직 단위는 규모가 크고, 개인 단위는 그 수가 많기 때문에 팀은 변화를 측정하고 관리하기에 가장 효과적인 대상이라 할 수 있다.

2 ▶ 구체적 개발 프로세스 및 교수설계

구체적인 개발 프로세스는 IPO(Input－Process－Output) 개발 프로세스로 진행되었다. 본격적인 IPO 프로세스가 시작되기 전에 사전 준비과정이 있었다.

1) 프로그램 본격 개발을 위한 준비 작업

프로그램 개발을 시작하기 전에 조직 개발과 관련한 문헌 분석, 교육과정 참석을 통한 지식 습득, 벤치마킹, 인터뷰를 진행했다.

가. 문헌 분석

조직개발의 주요 개념 및 방법론을 중심으로 분석을 진행했다. 이 내용들은 향후 프로그램 개발 프로세스에 포함시켰다. 예를 들면, 인터벤션(Intervention)이 실패하는 원인에 대한 연구들은 교수 설계 및 실제 진행 시 참고했다. 왜곡된 팀 서베이로 인해 잘못된 문제 인식을 할 수 있는 가능성을 낮추기 위해 서베이를 참고로 활용하되, 팀원 인터뷰로 검증하는 방식을 활용했다. 팀 진단의 결과를 대상자들에게 제시할 때에도 참고자료라는 부분을 강조하여 최종 워크숍을 통해 팀원들이 이슈를 직접 도출하도록 설계/

진행했다. 변화에 대한 저항력을 줄이기 위해서는 강점탐구기법(Appreciative Inquiry) 등을 활용한 소프트한 접근으로 분위기를 부드럽게 만들고자 했다.

나. 교육과정 참석을 통한 지식 습득

'I' 컨설팅의 'Facilitator 양성 과정' 수강을 통해 퍼실리테이터의 기본 스킬을 습득했고, 주요 기법들을 프로그램의 세부 요소 구성에 활용했다. 외부의 과정들은 일반적인 내용으로 구성되지만 그 중에 당사에 접목할 부분들이 많다고 생각했다.

다. 벤치마킹

과정 개발을 할 때, 효율성의 측면에서 벤치마킹이 자주 활용된다. 비슷한 형태의 프로그램 벤치마킹을 통해 시행 착오를 최소화 할 수 있고, 세부 구성요소들의 장단점을 생각해보며 내용을 부분적으로 차용할 수도 있다. 벤치마킹을 위해 D社 조직개발 담당자와 인터뷰를 통해 그 곳의 조직 개발 프로그램을 벤치마킹했는데, 직접적으로 프로그램 개발에 활용한 것은 아니지만 조직개발 프로그램의 윤곽을 잡는데 활용할 수 있었다. D社의 프로그램은 우리가 하고자 하는 프로그램과 형식은 비슷했으나, 팀 별 주요 이슈에 따른 주제를 다루기보다는 일반적인 주제를 다룬다는 측면에서 방향이 달랐다. 또한 조직개발 프로그램을 시행했던 그룹 내 다른 관계사 및 업체 담당자의 인터뷰를 통해서 프로그램의 진행 방식과 효과에 대한 부분을 확인했다.

2) IPO 프로세스를 통한 교육 프로그램 개발

IPO 프로세스에 따라 Input 단계에서는 요구분석이 주로 이루어졌고, Process 단계에서는 학습목표 설정 및 학습자 분석, 교수 설계 및 실행이 이루어졌다. Output 단계에서는 과정에 대한 평가가 이루어졌다. 이를 그림으로 제시하면 아래 [그림 1]과 같다.

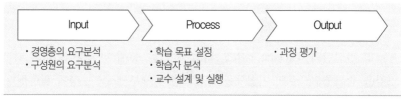

Input	Process	Output
· 경영층의 요구분석 · 구성원의 요구분석	· 학습 목표 설정 · 학습자 분석 · 교수 설계 및 실행	· 과정 평가

그림 1 | IPO 프로세스

가. Input 단계

Input 단계는 경영층의 요구분석과 구성원의 요구분석으로 구성이 되었다. 경영층의 요구분석에서 프로그램 개발의 최종 승인권자인 경영층의 요구를 제대로 파악하는 것은 매우 중요하다. 그러나 직접적으로 CEO의 Needs를 확인하는 것은 어려운 측면이 있다. 따라서 간접적인 방식으로 본 프로그램과 연관되는 CEO의 주요 코멘트를 정리하고, 팀장 및 임원과의 커뮤니케이션을 통해 경영층의 Needs를 확인할 수 있었다. 이를 프로그램의 기본 방향 및 학습자에 대한 접근 방식 설정에 반영하였다.

경영층의 Needs로부터 도출된 프로그램 반영 요소는 아래와 같다. 첫째, 본 프로그램은 팀 소통을 활성화시키고 이를 통해 팀의 여러 가지 문제를 해결하며, 팀의 에너지를 높이는 촉매제의 역할을 할 수 있어야 한다. 이를 통해 궁극적으로 팀의 성과를 향상시키도록 한다. 둘째, 소통의 툴(Tool)로서 'C 미팅'이라는 제도가 존재하고 있는데, 본 조직개발 프로그램은 'C 미팅'이 제대로 활용될 수 있게 만드는 역할을 해야 한다. 셋째, 팀의 이슈를 도출하여 이슈에 직면할 수 있도록 프로그램을 설계하며, 그 속에서 팀 리더와 팀원간의 진정성 있는 논의가 이루어질 수 있도록 환경을 조성해야 한다. 넷째, 일회성의 프로그램에 그치지 않고 자유로운 소통과 실천들이 지속성을 가질 수 있도록 프로그램을 설계해야 한다. 특히, 프로그램 효과 및 실천의 키(key)는 팀장이 가지고 있기 때문에 팀장의 참여와 실천을 어떻게 강화할 수 있을지에 대한 내용이 포함되어야 한다. 다섯째, 라인(Line)과 스탭(Staff)의 유기적 협력을 CEO께서 강조해 왔기 때문에 라인 부서와 스탭 부서의 소통을 높일 수 있는 프로그램 설계가 필요하다.

구성원의 요구분석은 사업부 HRD 담당자 및 구성원(전사 주니어 보드) 대상 3-5명이 참여하는 포커스 그룹 인터뷰(FGI)를 통해 회사 문화/분위기의 현황(As-is)을 파악했고, 이를 통해 Needs를 확인했다. 각 사업부별 현재 분위기/사업 상황/추세, 어떤 이슈들이 존재하는지, 분위기가 안 좋아졌다면 원인은 무엇인지 등에 대한 내용을 전반적으로 인터뷰했다. 조직 분위기가 경직되고, 적극적 의견 개진이 잘 이루어지지 않고 있는 상황을 확인했으며, 빠른 시일 내에 회사의 분위기 또는 사기 측면에서 정상화가 이루어져야 한다는 데에 공감을 하고 있었다.

인터뷰를 통해 프로그램 반영 요소로 도출한 내용은 다음과 같다. 첫째, 구성원들에게 비전을 제시해줄 수 있어야 한다. 전사 비전 보다는 팀 차원/개인 차원의 비전 수립 및 제시가 필요하며 특히 팀 자체적인 비전을 수립하고 공유하는 활동이 필요하다. 둘째, 내재된 갈등을 공론화하여 같이 해결하는 장을 만들 필요가 있다. 셋째, 리더의 개선 의지와 리더/구성원이 합심하여 실행력을 높이는 계기가 필요하다.

나. Process 단계

Process 단계에서는 학습자 분석과 구체적인 교수 설계 및 실행이 진행되었다. 학습자 분석은 과정 개발 시점과 팀 별 커스터마이징 시점의 두 단계에 걸쳐 진행되었다. 과정 개발 시점의 학습자 분석을 통해 과정의 전체적인 개관과 주요 모듈을 설계한 뒤, 팀 별 커스터마이징 시점의 학습자 분석을 통해 부분적인 교육내용을 자세하게 구성하고, 모듈의 구성/순서를 고려하여 최종적으로 해당 팀의 진행(안)을 확정하였다.

① 과정 개발 시점에서의 학습자 분석

과정 개발 시점에서 학습자 분석은 인터뷰와 지난 해 진행된 컬쳐 서베이 결과를 우선적으로 참고했다. 인터뷰의 개요는 아래와 같다.

인터뷰	컬쳐 서베이
• 인터뷰 대상자: 사업부 HR담당자 및 구성원 5명 • 주요 내용: 　– 현재 팀의 문제 상황과 해결 방식 　– 팀의 문제 해결을 위해 필요한 사항 　– 팀 조직개발 프로그램 진행에 대한 생각 (수용도 등)	• 일정: '13. 10. • 대상자: 전 구성원 • 주요 내용: 사람, 문화와 관련한 각 요소 점검

인터뷰 및 컬쳐 서베이 분석을 통해 학습자의 특성을 도출하고, 이를 반영한 과정의 활용 요소를 정리했다. 프로그램이 희망 팀 기반이기 때문에 잠재적 학습 대상자로서 팀 內 팀장 및 팀원(계약직 포함)으로 설정했다. 학습자의 특성 및 활용 요소는 아래와 같다.

학습자의 특성	활용 요소
팀원의 대부분은 팀 대상 조직개발 프로그램 참여에 대한 경험이 없음	• 팀 차원 조직개발 프로그램에 대한 충분한 취지 설명이 필요함 　– 팀장의 니즈에 의해 진행하는 과정이 아닌 팀 전체의 개선을 위해 필요하다는 인식을 가질 수 있도록 설득이 필요함
팀의 이슈를 터놓고 얘기할 수 있는 분위기가 부족함. 팀장님의 눈치를 많이 보는 분위기 때문에 회식자리 등에서 조차 실질적인 많은 소통이 나타나지 않음	• 팀의 소통을 이끌어 낼 수 있는 인터벤션이 필요하며, 눈치 보지 않고 얘기를 할 수 있는 분위기 조성이 중요함 • 외부 퍼실리테이터보다는 내부의 사정을 잘 알고 있는 내부 퍼실리테이터가 이슈를 더 잘 꺼낼 수 있으며, 팀을 지원한다는 측면에서 HRD 부서 담당자가 퍼실리테이터로 활동하는 것이 적합함

학습자의 특성	활용 요소
팀워크 강화에 대한 팀원들의 니즈가 있으며, 최근의 침체된 분위기를 극복하기 위한 회사 차원의 지원이 필요하다는 공감대는 형성되어 있음	• 침체된 분위기 극복을 위해 팀 차원의 비전 수립도 강화할 필요가 있음 • 팀워크 및 동기부여를 강화할 수 있는 리더십의 재무장을 독려할 필요가 있음
대상자들의 자연스런 신청 및 참여 유도가 있을 때 보다 터놓고 얘기를 함. 강요가 된다면 형식적인 프로그램에 그칠 가능성이 높음	• 본 프로그램을 신청 기반으로 가져갈 필요가 있음. 단, 프로그램이 활성화 된다면, 컬쳐 서베이 결과가 저조한 팀을 대상으로도 실험적으로 시행해 볼 수 있을 것임
팀에 대한 이슈를 찾고 분석하기 위해서는 대상자들의 익명성 보장이 중요한 이슈임	• 인터뷰 시, 익명성을 철저히 보장하며, 인터뷰 기술을 강화할 필요 있음
문화의 특상상, 구성원들이 팀장이 있는 가운데, 팀 내 다양한 아이디어를 이끌어내는 것을 힘들어함	• 팀장/팀원 분리 세션 필요

② 팀별 커스터마이징 시점에서의 학습자 분석

팀별 커스터마이징 시점의 학습자 분석은 전체적인 교수 설계가 끝난 후에 진행이 되었다. 팀 진단도구는 K 그룹의 팀 진단 서베이를 활용하는 것으로 결정하였고, 프로그램을 진행하기 전에 팀 진단 서베이 항목을 통해 학습자 및 팀의 분석이 진행되었다. 서베이에 이어 인터뷰를 진행하게 되는데, 인터뷰는 서베이 결과를 기반으로 이루어졌다.

〈서베이〉
- 서베이 대상자: 해당 팀 전원(팀장 및 계약직 포함)
- 서베이 내용: 리더/조직의 Support, 팀의 Dynamics, Biz와 사람관점의 Output 영역으로 총 70개의 질문 문항으로 구성됨(온라인 방식 진행).
(질문 예시)
- 우리 팀의 비전은 상위 실/본부의 비전과 연계되어 있다.
- 우리 팀원들은 추구해야 할 팀의 미래 모습에 대해 함께 공유하고 있다.
- 우리 팀에는 팀원 각자의 책임, 권한이 명확히 설정되어 있다.

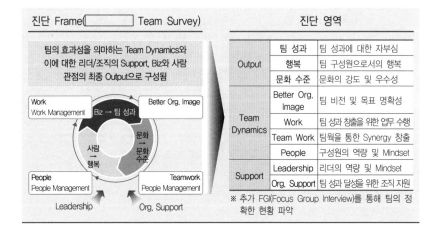

진단 Frame(☐ Team Survey)	진단 영역

팀의 효과성을 의마하는 Team Dynamics와 이에 대한 리더/조직의 Support, Biz와 사람 관점의 최종 Output으로 구성됨

Output	팀 성과	팀 성과에 대한 자부심
	행복	팀 구성원으로서의 행복
	문화 수준	문화의 강도 및 우수성
Team Dynamics	Better Org. Image	팀 비전 및 목표 명확성
	Work	팀 성과 창출을 위한 업무 수행
	Team Work	팀웍을 통한 Synergy 창출
	People	구성원의 역량 및 Mindset
Support	Leadership	리더의 역량 및 Mindset
	Org. Support	팀 성과 달성을 위한 조직 지원

※ 추가 FGI(Focus Group Interview)를 통해 팀의 정확한 현황 파악

- 우리 팀 내 적절한 역할과 책임 분배를 저해하는 원인은 무엇이라고 생각하십니까?(2개)
- 우리 팀의 의사결정은 적시에 이루어진다.

〈인터뷰〉

인터뷰는 팀 내 각 직급별로 총 4~6명을 진행했으며, 팀장을 반드시 포함했다. 특히 팀장의 인터뷰를 통해 프로그램의 방향성 및 기대효과를 확인하는 것이 중요했다. 세부 질문은 서베이를 통해 도출된 내용을 감안하여 구성하며, 예시 질문은 아래와 같다.

(예시)
- 팀의 미션과 하는 일의 특성은?
- 팀의 전반적 분위기는 어떠하다고 보십니까?
- Workshop을 통해 팀에 어떠한 변화가 있길 바라십니까?
- 팀의 업무 분장 측면에 상대적으로 지표가 낮게 나왔는데, 이 부분에 대해서 어떻게 생각을 하십니까?

■ 학습자 분석 결과(예시)

A사업본부 OOO팀

긍정적인 부분(강화 포인트)	부정적인 부분(개선 포인트)
• 팀원들끼리의 소통이 활발히 되고 있었음 (팀의 분위기도 좋으며, 정서적/업무적 소통이 골고루 잘 되고 있었음) • Biz 외부 환경이 좋지는 않으나, 뚜렷한 목표와 비전이 있었음 • 팀장의 리더십이 권위적이지 않고, 팀원들의 의견을 경청하고 배려하는 리더십을 보유하고 있음	• 팀장-팀원, 임원-팀원의 two channel 커뮤니케이션이 존재하여 혼란이 있음 • 팀장의 리더십 스타일 중 특정 부분에 대해 개선의 니즈가 있음

③ 교수설계와 실행

오프닝 단계에서 전체적인 개요 설명을 하고, 메인 단계에서는 세부적인 내용을 진행한 이후, 클로징 단계에서는 다시 전체적인 부분을 리뷰하도록 설계했다. 메인 단계에서는 크게 3개의 모듈을 선택 항목으로 만들어 팀 별 진단(서베이 및 인터뷰) 결과 및 각 팀의 Needs에 따라 차별화하여 설계할 수 있게 했다. 아울러, 전 일정(8시간 full day) 참여가 어려울 수 있는 상황을 고려하여 기본 4.5시간으로 구성하며, 팀의 특성에 따라서 전체 시간 및 세부 시간은 다르게 설계했다.

구분	항목	목적	세부 내용	시간
오프닝	과정 소개	• 과정의 취지 설명	• 과정의 목적 및 주요 내용 소개 • Square Wheels라는 스토리텔링을 통해 과정의 취지를 설명	10분
	Ice-Breaking	• Ice Breaking 및 Facilitator와 대상자의 초기 Rapport 형성	• 기대사항 청취 및 Ground Rule 설정 • 칭찬 폭격 & 조하리의 창으로 정리 (참석자들이 상호간 칭찬 릴레이를 하고, 내가 몰랐던 부분에 대한 조하리의 창 작성)	40분

구분	항목	목적	세부 내용	시간
메인	긍정 강화 Activity	• 팀과 나의 긍정적인 부분들을 떠올려 봄으로써 터놓고 얘기하는 분위기 형성	• 동서남북 만들기(팀의 강점, 약점, 위기, 기회) 정리해보기 • 나의 Best Moment 말하기	40분
	진단 리뷰	• 팀의 현황(As-is)을 파악하여 해결 이슈 도출	• 진단 리뷰(서베이 및 인터뷰 결과 종합 및 해석)	20분
	1안) 이슈 해결	• 팀 내 해결이 필요한 이슈의 도출과 해결방안 협의	• Agenda 도출 • 해결방안 토의 • 액션플랜 수립	100분
	2안) 변화 추진	• 팀원들의 개인 변화 유도/다짐	• 바꾸어 보아요(상호간 개인 개선사항 공유) • 개인별 약속하기 • ERRC(제거/감소/증가/도입) • 내가 만약 팀장이라면…	
	3안) 미래 계획	• 팀의 비전 및 미래 모습 공감대 확보	• 영향력의 원 만들기(이해관계자를 찾고, 그들의 Needs 정리) • 팀 미래 그리기	
클로징	Reflection	• 과정을 Reflection 해보며, 실천 각오를 다짐	• 과정 전체 리뷰 • Reflection(느낀 점, 배운 점, 깨달은 점 공유)	20분

다. Output 단계

과정 평가는 과정 진행 직후의 반응 평가와 과정 진행 2주 후 실행 여부를 확인하는 행동 평가로 구성했다. 과정평가는 퍼실리테이터의 역량/태도, 프로그램의 내용, 목적 달성도(Team Power 향상에 도움), 긍정적인 부분과 개선사항 등의 주관식 의견으로 구성하였다. 구체적인 설문문항은 다음과 같다.

• 평가 설문
 − 퍼실리테이터의 스킬, 태도는 어떠했습니까?

- 본 과정의 내용 측면은 어떠했습니까?
- 본 과정은 Team의 Power를 향상시키는 데 도움이 되었습니까?
- 과정의 긍정적인 부분과 개선사항은 무엇이 있겠습니까?

행동평가는 팀장 및 팀원들이 약속/다짐했던 Action Plan을 실제로 수행하고 있는지를 확인했다. 구체적인 문항은 다음과 같다.

- 팀의 분위기(Teamwork, 소통 등)는 과정 진행 후 어떻게 달라졌습니까?
- 계획했던 액션 플랜의 실행 여부는 어떠합니까?
- 더 나은 팀을 위해 인력개발팀에서 추가적으로 지원해주면 좋을 사항이 있습니까?

3 ▶ 평가방법 및 결과

프로그램 만족도 및 긍정적 요소가 높았으나, 실질적 변화로의 연계를 위해 세부 프로그램 개선 및 팔로업(Follow-up) 활동 강화의 필요성이 제기되었다. 행동평가의 경우, 정량적인 평가 보다는 잘 진행이 되고 있는지 체크하는 수준으로 진행되었다. 대상자의 과정 평가 평균은 4.5점(5점 만점)이었다. 세부적으로는 퍼실리테이터의 역량/태도 평가 4.7점, 프로그램 내용 4.4점, 목적 달성도(Team Power 향상 정도) 4.3점이었다. 프로그램의 만족도가 높은 편이었고, 변화의 필요성에 대한 공감도는 높았으나 과정 후 현실에 적용하고 실천하는데 여전히 어려움을 갖고 있기 때문에 현업 적용/실행의 측면에서의 팔로업 및 프로그램 보완이 필요하다.

대상자의 피드백으로부터 도출한 긍정요소와 개선 검토사항은 아래와 같다.

- 긍정요소
  - 허심탄회하게 생각을 공유하고 이슈의 해결안을 찾아보게 했다.
  - 팀의 방향성에 대한 고민을 해보았다.
  - 실행에 대한 합의를 도출한 것은 큰 소득이었다.
  - 팀원 간 신뢰도와 친밀도가 증대되었다. 팀원과 팀장, 팀원끼리 의 벽을 허무는 계기가 되었다.
  - 팀의 실질적 변화를 만들어냈다.
- 개선 검토 사항
  - 운영 시간 확대 및 진단/토의의 Depth 강화가 필요하다.
  - 세부 프로그램의 보완이 필요하다.
  - 팔로업 과정을 통해 실행력을 제고할 필요가 있다.
  - 프로그램의 확대 시행 및 매뉴얼화가 되면 좋겠다.

4 결론

본 프로그램의 경우, 프로그램의 전체적인 개관을 설계한 이후에, 프로그램의 진행 시점 마다 프로그램 대상자 서베이 및 인터뷰를 통해 커스터마이징하는 과정을 거쳤다. 이에 따라 프로그램의 완결도 및 만족도가 높아졌다. 여러 차수가 진행되는 교육의 경우 이처럼 전체적인 설계를 한 이후에 간단하게 분석과정이 다시 들어간다면, 프로그램의 성과가 높아질 수 있을 것이다. 단, 프로그램 진행에 있어 시간이 많이 소요되었다. 프로그램의 시행 횟수가 늘어남에 따라 팀의 이슈 유형이 그룹화 될 수가 있는데, 이를 통해 이슈별 진행 모듈의 표준화를 생각해볼 수 있다. 이는 요구분석 및 요구분석에 따른 프로그램 재설계의 시간을 절약하는 효과가 있을 것이다. 프로그램 평가(의견) 및 결과를 통해 프로그램의 세부 개선 사항을 도출하였으며, 향후 프로그램 개발 시 활용을 생각해볼 수 있다.

프로그램의 세부 개선 측면에서는 심도 있는 토의 강화, 조직개발의 이론적 설명 보강, 크레도(CREDO)를 활용한 실천력 강화를 통해 내용 보완이 필요하다. 디스크(DISC) 진단 등을 활용한 '상호 이해 및 소통' 강화 콘텐츠를 추가로 활용할 필요도 있다. 또한 운영 시간 확대를 고려해볼 수 있다. 팔로업 강화의 측면에서는 팀 변화 관리자(Change Agent) 지정 및 사후 의사소통 강화, 팀 실천을 위한 참고자료 제공, 팔로업 프로그램의 진행, 행동 평가의 체계화 및 정량화가 필요하다. 프로그램 확산 및 추가 모듈 개발의 측면에서는 퍼실리테이터 양성 과정 진행, 프로그램 매뉴얼화, 신임 팀장을 위한 새로운 모듈 개발을 생각해볼 수 있다.

05

A그룹사 Self-leader
온라인과정

유승현

The casebook of
HRD program development

HRD 프로그램개발 사례

05 A그룹사 Self-leader 온라인과정

유승현

1 교육과정 개발 배경

1) 경영환경적 issue

A그룹은 2007년 창립 50주년을 맞아 그룹의 미션 및 비전선포를 위해 그룹 내 임직원의 인재상을 검토하고 그룹 최고 경영진(회장 이하)의 인터뷰와 설문을 통해 역량모델을 재정립하게 되었다. 이러한 작업의 배경에는 글로벌시장에서의 인적자원에 대한 경쟁우위 확보 및 장기적 성장동력을 마련하기 위한 기반을 인재개발에 역점을 두어야 한다는 경영진의 의지와 체계적인 프로그램을 통해 자기개발 및 경력개발을 이루고자 하는 임직원의 니즈가 함께 반영된 결과였다.

2) 전략적 차원

역량모델 재 정립 후 조직 내 각 계층의 역량을 개발하기 위한 목적으로 다양한 형태의 프로그램 개발이 기획되었으며 본 교육과정은 Self-Leader (사원, 대리)계층의 리더십역량을 높이기 위한 목적으로 설계되었다. Self-

Leader계층은 조직 내에서의 업무수행 경력이 가장 짧은 계층으로 필요역량에 대한 인터뷰와 설문시행 결과, 자기개발에 관한 키워드들이 상대적으로 높게 나타났으며 업무수행을 위한 핵심요소로써 비즈니스마인드와 협업을 위한 커뮤니케이션 역량이 도출되게 되었다.

결과적으로 Self-Leader의 리더십역량은 크게 자기개발, 비즈니스마인드, 커뮤니케이션으로 도출되었으며 3개 역량을 개발하기 위한 방안으로 교육프로그램을 선택하였다. 또한 교육대상이 다수인 점, 1회성 교육이 아닌 지속, 반복적 학습이 필요한 점을 반영하여 온라인 교육과정으로의 개발이 보다 적합하다고 판단하였다.

3) 기존 교육과정의 개선

그룹 내 조직구성원 중 사원에서부터 대리 직급까지를 Self-Leader라고 지칭하였다. 본 교육과정은 Self-Leader만을 대상으로 하는 교육과정으로 상기 도출된 리더십역량을 높이기 위한 목적으로 만들어진 과정이다. 세 가지 역량 중 자기개발역량의 의미는 조직 내 경력개발과 관련된 개념이고, 커뮤니케이션은 업무수행 측면과 조직생활 측면 모두를 고려한 내용이며, 비즈니스마인드는 비즈니스맨으로서 업무를 수행하는데 있어서 필요한 요소 세 가지(고객지향, 재무적 시각, 분석적 사고) 내용으로 정의하였다.

2 ▶ 구체적 개발 프로세스

1) 분석

가. 필요역량 정의

▶ 설문 및 인터뷰

사원~대리 계층의 필요한 리더십역량을 도출하기 위해 해당계층의 본인 설문, 각 계층별 워크숍, CEO Survey를 실시하였다. 해당계층의 본인 설문은 18개 계열사 사원~대리 계층 1,625명을 대상으로 1주일간 온라인으로 진행하였고, 계층별 워크숍은 12개 계열사 사원~대리급 15명/과장~차장 14명/팀장급 13명/총 41명의 우수성과자를 대상으로 3일간 워크숍을 진행하였으며, CEO 설문은 13개 계열사 대표를 대상으로 오프라인 설문으로 실시하였다.

▶ 문항구성

가치역량, 그룹HRD 관련 문항을 제외한 리더십역량 관련 질문영역은 리더십 역량 도출(본인 해당 계층에서 필요로 하는 리더십 역량/직 상위 또는 직 하위 계층에서 필요로 하는 리더십역량) 등에 관한 문항으로 구성되었다.

▶ 설문결과

계층별로 요구되는 리더십역량과 관련한 설문 결과는 다음과 같았다.

사원~대리 계층의 직원들은 Self Leader계층에서 요구되는 상위 5개 역량이 '자기개발', '자기관리', '커뮤니케이션', '팀워크', '분석적사고' 능력이라고 응답하였으며 그 다음은 '문제해결', '동기유발', '효율적 업무개선' 능력이 필요한 것으로 응답하였다.

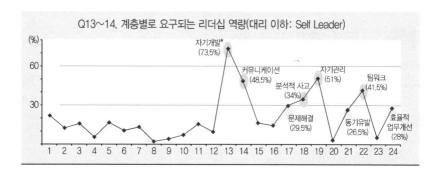

Q13~14. 계층별로 요구되는 리더십 역량(대리 이하: Self Leader)

나. 반영

분석관련 주요 포인트로 성공적인 업무수행을 위해 필요한 것이 무엇인지를 고려하여 일련의 진단활동들을 일정한 기준(가중치: 본인 설문 40%/계층별 워크숍 25%/CEO Survey 35%)에 따라 분석하여, 자기개발, 커뮤니케이션, 비즈니스 마인드(분석적 사고를 포함)를 최종 역량으로 선정하게 되었다.

다. 역량도출

비즈니스 마인드에는 비즈니스맨으로서 업무를 수행하는데 있어 필요한 요소로 ① 고객지향, ② 재무적 시각, ③ 분석적 사고가 선정되었으며, 자기개발은 조직 내 경력개발과 관련된 개념으로, 커뮤니케이션은 업무수행 측면과 조직생활 측면을 모두 고려한 내용으로 정의하였다(아래 〈표 1〉 참조).

표 1 | 역량과 역량 정의

적용계층	역량 항목	역량 정의(요약)
사원~대리	자기개발	환경변화를 항상 예의주시하여 자신의 적응력을 향상시키며, 자신의 해당업무 수행에 요구되는 그 이상의 능력을 끊임없이 배양하는 역량
	커뮤니케이션	상대방의 표현을 명확히 이해하고, 적합한 의사소통 채널 및 기법을 활용하여 자신의 의사를 상대방에게 효과적으로 전달하고 이해시키는 역량
	비즈니스 마인드	비즈니스맨으로서 업무를 수행하고, 동양인으로서 조직생활을 하는 데 있어서 가장 기본이 되는 역량

또한 해당 역량에 대한 정의를 최대한 구체적으로 기술하여 해당 역량에 대하여 쉽게 이해를 할 수 있도록 가장 중요한 키워드를 도출하였고, 해당 역량을 보유한 인력들의 사례를 바탕으로 업무현장의 상황을 고려한 행동지표들을 마련하였다.

라. 진단

상기 도출된 사원~대리계층의 리더십역량 수준을 파악하기 위해 그룹 내 사원~대리계층 3656명을 대상으로 약 2주간 3개 리더십역량에 대한 진단을 실시하였으며 진단 방법은 자기진단을 사용하였다. 기대수준은 CEO의 기대치를 반영(High Performer의 경우 자가진단과 다면평균의 GAP이 크지 않으므로, 상위 20%의 평균값을 기대수준으로 설정)하여 5점척도의 BOS형태의 온라인진단을 실시하였다.

마. 결과

3개 리더십역량에 대한 진단결과는 아래 〈표 2〉와 같다.

표 2 | 리더십역량 진단 결과

역량 명	자기진단	기대수준 (상위 20% 평균)	GAP
자기개발	3.84		0.77
커뮤니케이션	3.93	4.61	0.68
비즈니스 마인드	3.81		0.80

2) 설계

가. 수행목표 명세화

진단결과에 따라 가장 GAP이 큰 비즈니스 마인드를 중심으로 자기개발과 커뮤니케이션을 통합한 온라인 교육과정을 설계하였다. 주요 교수요

목은 행동지표 문항 중 낮게 나타난 부분을 중심으로 도출하였고, 개발 과정에서도 해당 내용을 반영하여 낮게 나타난 역량 및 키워드와 관련된 내용들은 학습시간의 비중을 높였다.

표 3 | 역량 별 행동지표 문항 및 점수[예시]

역량	키워드	행동지표(문항)	평균
비즈니스 마인드	고객지향	나는 겸손하고 친절하게 고객의 소리를 경청하고 고객의 기대와 요구에 부응한다.	3.91
	분석적사고	나는 주어진 문제를 해결하기 위해 수집/분류한 요소들 간의 상관관계와 중요도를 파악한다.	3.41
	재무적시각	나는 재무제표 상의 각종 데이터를 목적에 맞게 해석할 수 있다.	3.12
자기개발	목표관리	나는 계획 수립 시 단기적으로 개발해야 할 분야와 중장기적으로 개발해야 할 분야를 구분하여 진행한다.	3.25
	스트레스관리	나는 나에게 할당되거나 나와 관련된 일을 남에게 전가하지 않고 해결한다.	4.12
	시간관리	나는 업무수행의 매 단계에 있어서 신중을 기하며, 정해진 시간범위 내에서 일의 순서를 잘 배분하여 원활히 돌아가도록 한다.	3.50
커뮤니케이션	경청	나는 상대방의 말을 경청하여 상대가 의도하는 바와 기대 수준을 정확히 파악한다.	4.24
	대인관계	나는 고객과 관계 조성이 미흡할 경우 나의 내부/외부적 장애요소를 파악하고 이를 제거하기 위해 노력한다.	3.68
	비즈니스 글쓰기, 말하기	나는 비즈니스 문서 작성 시 그림/도표는 전달하려는 메시지에 적합한 내용과 형태로 구성한다.	3.32

표 4 | 학습시간 구성[예시]

역량	키워드	학습시간(분)
자기개발	시간관리	40
	목표관리	55
	스트레스관리	30

역량	키워드	학습시간(분)
커뮤니케이션	고객지향	40
	분석적 사고	40
	비즈니스 커뮤니케이션	65
비즈니스 마인드	경청	30
	대인관계	30
	재무적 시각	90

나. 평가도구 개발

수행교육 후 목표의 달성여부는 현업에서의 활동 측정이 필요하였으나 교육과정상의 한계로 인해 수행해야 할 목표에 대한 내용중심의 학습이해도 평가로 대체하여 개발하였다. 온라인 교육과정임을 감안하여 차시 별 학습 종료 시 학습내용을 확인할 수 있는 Quiz 형태로 문항을 아래와 같이 구성하였다.

표 5 ㅣ 3차시 비즈니스의 시작과 끝 재무[예시]

학습목표	기업의 경영과 재무제표의 관계를 이해하고, 재무제표를 통해 기업의 재무상태와 경영성과를 파악할 수 있다.
평가문항	다음 중 부채 중에서 일반적으로 금융비용을 포함하지 않는 것은? ① 매입채무 ② 단기차입금 ③ 장기차입금 ④ 회사채 영업활동 현금흐름 100, 투자활동 현금흐름-50 재무활동 현금흐름 20이 발생했다면, 당기에 증가한 현금은? ① 70증가 ② 50감소 ③ 20감소 ④ 100증가

다. 학습내용 계열화

과정목표를 달성하기 위한 학습내용의 순서와 구성은 학습자(사원~대리 계층)의 관심도, 현업 환경 및 업무 환경을 고려하여 설정하였다. 학습자 계층은 자기개발 및 경력개발에 대한 의지가 높은 계층임을 감안하여 과정 초반부에는 중, 장기적 개발목표를 수립하는 자기개발 역량에 관한 내용으로 구성하고 이후에는 학습자가 실제 업무를 수행하게 될 때 쉽게 일어 날 수 있는 업무 프로세스들을 일반화하여 스토리를 설정, 연계될 수 있는 역량들을 중심으로 내용을 구성하였다.

라. 교수전략 및 매체 선정

서론에서 언급한 바와 같이 A그룹의 사원~대리계층은 3600명 이상으로 오프라인상에서의 교육진행 시 제반 비용, 시간상의 문제가 있었으며 해당계층은 온라인 교육에 대한 거부감이 낮다라는 점을 감안하여 온라인 교육과정을 설계하였다. 다만 교수전략 부분은 이론중심의 내용을 최대한 축소하고 현장과 유사한 업무환경 및 문제를 제시하여 스스로 문제를 해결하는 방식을 통해 학습의 흥미를 높일 수 있도록 설정하였다.

표 6 ┃ 차시 별 학습내용 및 키워드[예시]

차시		세부학습내용(절)	키워드	시간 비중
1	넘버원 Self Leader를 꿈꾸다	1) Self Leader가 되자	목표관리	25
		2) 조직 내에서 셀프 CEO되는 방법		
2	회사에서 10년 후 나의 모습은?	1) 조직 내에서 미래의 나의 모습 – 단기, 중장기 목표 수립	목표관리	15
		2) 기업경영과 재무제표 – 기업경영과 재무제표의 의미 – 재무적 시각의 필요성	재무적 시각	15
3	정보수집의 달인이 되자	1) 정보수집 및 분류 – 정보를 수집하는 다양한 출처 – 자료 수집 및 분류 방법	분석적 사고	25
		2) 정보분석 구조화 – MECE, Logic Tree, Matrix로 자료 분석 – Mind Map으로 보고서 목차 잡기		
4	떨리는 프로젝트 첫 미션!	1) 직무스트레스 관리 방법	스트레스 관리	15
		2) 시간관리 – 나는 왜 항상 시간이 없나?(진단 툴) – 낭비요인을 줄여 5단계 프로세스에 맞춰 시간관리 하는 방법	시간관리	15

차시		세부학습내용(절)	키워드	시간 비중
5	재무제표를 활용한 자사 분석	* 재무제표를 활용한 자사 분석 (재무제표 구조 이해하기: 이론편) - 대차대조표 - 포괄손익계산서 - 현금흐름표	재무적 시각	25
6	시간과 커뮤니케이션은 전쟁의 무기다!	1) 보고문서 작성하기 - 민토 피라미드/도해를 통해 명료하고 정확한 보고문서 작성하는 방법	비즈니스 커뮤니케이션	15
		2) 시간관리 - 우선순위에 따른 업무 처리(시간관리 매트릭스 등 활용 방법) - 효율적 업무를 위한 시간관리 도구들 소개	시간관리	10
7	고객을 알라	1) 고객 지향 2) 고객 정의하기 3) 고객 니즈 분석하기	고객지향	30
8	아이디어는 생명이다	1) 효과적인 회의를 위한 비즈니스 커뮤니케이션 스킬	비즈니스 커뮤니케이션	15
		2) 마인드 맵으로 아이디어 정리하기	분석적 사고	15
9	Just 1 Minute!-1분안에 상사를 매혹시키는 보고방법	1) 1 Page Proposal	비즈니스 커뮤니케이션	25
		2) 엘리베이터 스피치	비즈니스 커뮤니케이션	
10	업무 추진 전략 수립하기	1) 업무 목표 수립	목표관리	15
		2) 업무 추진 계획 세우기 - WBS, 간트차트	시간관리	15
11	고객의 마음속으로 들어가라	1) 고객불만 이해하고 응대하기	고객지향	10
		2) 고객의 마음을 사로잡으려면 먼저 귀를 열어라 - 경청이 어려운 이유 - 경청의 3단계 - 3F 경청기술	경청	20
12	좋은 파트너가 좋은 결과를 낳는다	* 협력사 선정을 위한 재무제표 분석(실전편)	재무적 시각	25
13	문제해결은 잘 듣는 것으로부터 시작된다	1) 갈등 해결을 위한 경청 스킬	경청	10
		2) 타인/타부서와의 갈등 원인 및 해결 방법 - 자기 이해와 타인 이해 - 갈등 발생 시 활용할 수 있는 구체적인 스킬 학습	대인관계	15

차시		세부학습내용(절)	키워드	시간 비중
14	신규 거래처를 뚫어라!	고객사에 대한 재무 분석	재무적 시각	25
15	신상품을 판매하라!	1) 호감가는 태도와 언행	대인관계	15
		2) 매혹적인 PT 방법	비즈니스 커뮤니케이션	10
16	나의 미래 그려보기	1) 자기 역량 개발을 위한 긍정적 사고와 마음 관리 방법	스트레스 관리	15

		2) 나의 프로젝트 기간 돌아보기
		  - 부족한 역량 인식하기
		  - 향후 개발계획 수립하기
			목표관리	15

3) 개발

컨텐츠 개발 방향은 크게 여섯 가지로 구성하였다. 첫째, 역량 키워드에 집중하여 내용을 구성한다. 둘째, 역량의 의미 및 역량교육의 중요성에 대한 내용을 담는다. 셋째, 이론 교육은 최소화 하고 실무 관련 사례와 업무 활용(Case Study 등)을 중심으로 구성한다. 넷째, 개발 후 3년 정도 사용할 수 있는 콘텐츠 UI구성을 고려한다. 다섯째, 교육과정은 심화 내용이 아닌 3개역량의 통합이라는 부분을 중점으로 삼아 내용을 구성한다. 여섯째, 기존 역량 진단 결과를 참고하여 개발한다.

가. 컨텐츠 개발전략

온라인과정의 한계인 학습 흥미도 저하의 문제를 개선하기 위해 컨텐츠 개발 전략의 대부분은 학습자의 흥미를 불러일으킬 수 있는 스토리텔링, 멀티미디어, 퀴즈, 휴식요소 등을 활용하였다. 또한 학습자 중심의 자율적 교육, 자기주도적 학습이 가능한 수준 별 맞춤 콘텐츠, 학습자 수준을 진단한 설계를 바탕으로 학습이 지속될 수 있는 콘텐츠를 우선적으로 개발하고자 하였다.

나. 컨텐츠 개발방법

상기 학습 흥미도 개선을 위한 방안으로 Keller의 ARCS 기법, 실행방법
을 익히는 Goal-Based Scenario를 기반으로 컨텐츠를 개발하였다.

▶ ARCS

— Attention(주의환기)

주의집중(필요성/중요도 호기심 유발)을 위해 역량강화의 필요성이 개
인의 장기적 성장과 직결됨을 강조하고 개발활동은 현업을 통해 이
루어진다라는 가정을 통해 업무수행과 관련된 행동변화에 집중할
수 있도록 구성하였다.

— Relevance(관련성)

학습자와 관련성이 있는 내용(직무, 직책, 연령 등의 의미와 가치)으로
구성하기 위해 학습자(사원~대리)계층이 실제 현업에서 어떠한 역할
을 하는지를 신입사원(2년차 이상)과 대리 승진자들을 대상으로 인
터뷰를 실시하여 공통되는 주요 업무 상황들을 과정 스토리에 반영
하였다.

— Confidence(자신감)

학습자들의 조직 내 경험과 해당분야의 지식이 부족한 점을 감안하
여 차시 별 내용 난이도를 중간(난이도 평가-전략기획본부 평사원 검수)
으로 설정하였으며 학습자들이 가장 어렵다고 느낄 수 있는 비즈니
스 마인드(재무/회계)부분에 대한 거부감을 줄이고 학습성취의 자신
감을 느낄 수 있도록 회계원리 수준의 평가문항을 구성하였다.

— Satisfaction(만족감)

1회성 의무교육이 아닌 실질적인 업무수행에 도움을 줄 수 있는
내용(자료수집, 정보분석, 문서작성, 시간관리)등을 제공하여 학습종료 후
에도 내용에 대한 만족감을 느낄 수 있도록 하였다.

▶ GBS(Goal-Based Scenario)

GBS는 학습자가 다양한 학습지원 도구와 정보를 제공받으며, 주어진 실제적 과제를 수행하는 과정에서 사전에 설정된 학습목표를 달성해 가는 Learning by Doing의 학습방식으로, 본 과정의 개발전략인 실무사례 및 활용, 학습자 중심의 문제해결에 적합하다는 판단 하에 교수설계 부분에 반영하였다.

- 학습목표

  GBS의 학습목표 설정과 마찬가지로 달성하기 위해 필요한 기술 (skill)과 과정(Process) 습득을 주요 학습목표로 설정하였다.

- 미션

  학습자들이 현장에서 수행하는 업무 과제와 유사한 형태로 차시 별 미션을 제시하고 제시된 미션이 학습목표와 연계되도록 하여 미션을 수행하는 과정에서 학습목표가 달성될 수 있도록 구성하였다.

- 커버스토리 및 역할

  커버스토리는 성취되어야 하는 미션이 필요함을 보여주기 위해 만들어지는 배경이야기로 본 과정에서는 학습자 본인이 주인공(You-31세 남)이 되어 직장동료인 왕가인(28세 여)과 엄친아 대리(31세, 남) 등과 함께 해당부서 팀장인 박민숙 팀장(42세-여)의 업무지시를 수행하며 문제를 해결해 나가는 스토리를 구성하였다. 또한 온라인 학습의 피로도를 줄여주기 위해 인물간의 관계설정을 상호간 3각 관계 또는 짝사랑 등으로 구성하여 드라마적 요소를 가미하였다.

- 시나리오 운영

  미션을 수행하는 모든 구체적인 활동을 학습자의 선택에 따라 달라질 수 있도록 구성하였다. 예를 들어 신상품 기획문서 작성의 미션을 수행하기 위해 필요한 활동으로 외부강좌 수강/선배사원의 문서 참고 중 하나를 선택하여 미션을 수행하는데 필요한 학습활동을 본인이 선택하여 시나리오를 이어나갈 수 있도록 구성하였다.

– 학습자원 및 피드백

스스로 해결하지 못하는 학습자(주인공)를 과정상의 학습자원들이 도와주고 학습자들에게 미션수행에 필요한 정보를 적절한 시점에 제공할 수 있도록 구성하였다. 미션을 수행하는 학습과정에서 예상되는 실패가 있었을 때 학습자의 반성적 성찰을 돕기 위한 학습자원으로써 문서자료, 동영상 등을 활용하였으며 학습자가 취한 행동의 결과에 대한 구체적인 피드백을 등장인물을 통해 전달하는 형태로 반영하였다.

다. 컨텐츠 구현(차시 별 구조)

전체 16차시는 하나의 스토리로 이어지며 차시 별로는 개별 역량-키워드에 맞추어 Mission–Activity–Quiz–Review형태로 구현되었다.

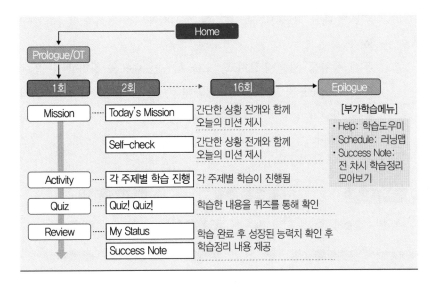

- Prologue

  커버스토리를 애니메이션으로 제공하여 학습자가 앞으로 수행할 미션 목표와 과정 로드맵, 미션 수행방법(학습흐름) 등을 안내하는 미션가이드와 등장인물 소개들을 제공하였다.

- Mission

  스토리의 전개에 따라 문제 상황이 제시되고 주인공이 해당 문제 상황과 관련한 부족한 역량을 점검하여 문제해결을 위한 학습계획을 수립할 수 있도록 구현하였다.

- Activity

  학습자(주인공)가 오늘의 미션에서 제공된 문제 상황을 해결하기 위한 방법을 고민하고, 이를 해결하기 위해 등장인물들의 도움을 받거나 스스로 자료를 찾아가며 미션을 해결해 나갈 수 있도록 구현하였다.

- Quiz

  주어진 미션을 성공적으로 수행/학습하였는지를 평가하는 단계로 퀴즈에 대한 피드백을 확인할 수 있으며 재도전 기회를 제공하였다.

- Review

  문제 상황을 해결 완료하고, 오늘 학습한 내용을 정리할 수 있는 핵심 학습내용을 요약자료로 제공해 준 뒤 끝으로 학습자(주인공)가 부족 역량의 향상 진척도를 스스로 확인할 수 있는 진척도 큐브를 제시하였다.

자기개발 60%		커뮤니케이션 70%		비즈니스마인드 80%	
시간관리		비즈니스 커뮤니케이션		고객지향	
목표관리		경청		재무적 시각	
스트레스 관리		대인관계		분석적 사고	

4) 실행

본 과정 개발 완료 후 그룹 내 Self-Leader(사원~대리)계층의 리더십 역량 이해 및 현업실천 독려를 위한 온라인 필수 교육을 시행하였다.

ㄱ. 기간: 1차-2012년 11월 / 2차-2012년 12월

ㄴ. 장소: A그룹 e-HRD 포털

ㄷ. 대상: A그룹 21개 계열사 사원~대리 전원

ㄹ. 수료기준: 평균 60점 이상(진도율 10% + 최종평가 90% 합산), 단 진도율 100% 필수

– 최종평가: 객관식 및 OX평가 총 20문항

5) 평가(학습평가 및 결과)

리더십역량 교육의 성과를 측정하기 위한 바람직한 방법은 학습을 통한 업무로의 학습전이가 이루어졌는지, 리더십역량 하위의 행동을 직접 수행하였는지 등의 여부를 측정하는 것이 올바른 방법이라 할 수 있다. 그러나 측정을 위한 인력, 시간 등의 비용적 요소를 감안하여 초기 설계 단계에서 선정된 학습 이해도 평가로 평가를 실시하였다.

차시 별 퀴즈로 학습평가를 구성하여 학습자가 해당 차시의 학습내용을 숙지하였는지 확인할 수 있도록 하였으며 본 과정이 Self Leader 2차 교육과정(1차 기본교육과정 이수)으로 해당내용의 단순 암기 보다는 응용, 적용할 수 있는지를 묻는 문항들로 구성하였다. 평가 결과 전 차시에 걸쳐 1차 오답 제출률은 평균 25% 정도로 나타났으며 주관식 오답률은 20% 정도로 나타났다.

3 결론

교육대상자들은 공채 신입사원교육(오프라인 1개월) 및 Follow—UP교육 (오프라인 2박3일) 이후 교육 단절기간이 2년 이상인 학습자가 대다수인 관계로 오프라인 교육의 필요성이 제기되었다. 그러나 공간적, 시간적인 비용부담을 감안하여 최종적으로는 온라인 과정으로 개발하게 되었다. 따라서 본 과정은 학습내용의 이해 및 평가부분 보다는 온라인 과정의 집중을 높이기 위해 학습에 대한 흥미를 지속시키는 부분에 집중된 측면이 있다.

또한 교육과정 자체가 A그룹의 사원—대리 계층의 역량모델을 기반으로 개발되어 학습내용의 범위가 방대한 측면이 있다(ex. 시간관리, 목표관리, 스트레스관리, 비즈니스 글쓰기&말하기, 경청, 대인관계, 고객지향, 재무적 시각, 분석적 사고). 학습내용의 범위가 넓다는 점은 범용적 과정으로서의 장점을 갖추었다고 볼수도 있으나 현장에서 적용 가능한 깊이 있는 수준의 내용으로는 부족할 수 있다는 단점이 있다. 같은 이유로 평가도구를 개발하여 해당 과정의 목표가 명확히 달성되었는지에 대한 평가가 어렵다는 한계도 드러났다.

06

S사 신입사원 입문과정
개발 사례연구

이만호

The casebook of
HRD program development

HRD 프로그램개발 사례

06 S사 신입사원 입문과정 개발 사례연구

이만호

1 교육과정 개발 배경

창의성이 부가가치의 핵심이 되는 지식기반사회에서 기업의 핵심역량은 사람이며 이를 육성하고 경쟁력을 유지·발전시키기 위해 인적자원개발의 중요성은 점점 확대되고 있다(권대봉, 2001). 이에 기업들은 성과를 지속적으로 창출할 수 있는 인재를 확보하고 육성하기 위해 많은 노력을 기울이고 있다. 그 중에서도 신입사원 입문교육은 새로 입사한 구성원에게 회사에 관한 제반 사항, 근무태도, 직무요건을 일정기간 교육시킴으로써 문화적 충격을 완화하고 조기에 조직 적응을 위한 과정으로 거의 모든 기업에서 실시 중이며 HRD부서의 업무 중에서도 큰 비중을 차지하는 교육과정 중 하나이다. 신입사원 입문과정은 해당 기업이 요구하는 인재를 조기에 전력화시키는 문화적 동화의 과정이다(유영만, 2004). S사의 신입사원 입문과정 개발은 다음과 같은 이유에서 개발되었다.

1) 신입사원의 퇴직율 증가

각 기업은 신입사원 입문과정에 대해 매우 중요하게 인식하고 많은 시간과 비용을 투자한다. Watkins(2004)는 핵심인재의 안착에 대한 성패가 초기 90일 간 실시된 교육에 의해 좌우된다고 주장함으로써 신입사원 입문교육의 중요성을 강조하였다. 그러나 청년 실업현상이 심각한 사회적 문제로 대두되고 있는 시점임에도 신입사원의 조직이탈 현상은 계속되고 있다. 최근 한국경영자총회가 전국 392개 기업을 대상으로 실시한 '2013년 신입 경력사원 채용실태 특징조사' 결과, 대졸 신입사원의 1년 내 퇴사율은 23.6%였다. 다시 말하자면, 신입사원의 조기 퇴사는 기업에게 큰 손실을 미칠 수 있는 잠재적 위협으로, 신입사원 입문교육은 위협요소를 대비하는 동시에 기업의 지속적 성과 창출의 실마리가 될 수 있다. S사의 경우, 2009년 이래로 신입사원의 퇴직률은 꾸준히 증가하였으며, '12년 상반기 입사 1년 미만의 신규입사자 퇴직 비율은 15%에 육박하였다. 이러한 신입사원의 조기 퇴사로 인해 기업은 채용 및 교육비용, 급여, 퇴직금, 대체인원 추가 채용에 따른 비용 등 실제적인 비용과 무형의 기회비용까지 손실이 발생하고 있었다. 뿐만 아니라, 이러한 현상은 기존 조직원들과 조직분위기에도 부정적 영향을 미쳐, 신입사원의 조기 이탈 방지 및 조기 전력화를 위한 신입사원 입문과정 개편에 대한 경영진의 강력한 요구가 있었다.

2) 기업 성과 저하

S그룹은 2000년대 초반 출범 후, 2000년대 중후반을 거치며 해당 산업의 유래 없는 국제적 호황을 바탕으로 단기간 내에 폭발적으로 성장한 그룹이었다. 그 중 본 사례분석 대상인 S사는 그룹 내 중추적 위치를 점하고 있는 기업으로 전/후방 산업에 위치한 계열사들의 성장과 매출에 큰 영향을 미치고 있었다. 그러나 2009년 국제 금융위기 이후, S사 제조상품군에 대한 국제 수요는 급감하여 회사의 재무상태는 매우 좋지 않은 상황에 놓이게 되었다. 경영악화에 따라 교육부서의 예산 감축은 당연한 수순이었고, 2008년 약 2.5개월 동안 실시되었던 신입사원 연수와 대비하여 점차 기간

을 축소하고 있는 추세였으며, 예전에 다소 높은 비용을 들여서라도 대규
모로 장기간 진행되던 교육과정은 새로운 환경변화에 따라 효율성을 추구
하며 짧은 시간 내에 꼭 필요한 내용만을 학습하도록 하는 것을 목표로 비
용 측면에서도 큰 변화를 필요로 하고 있었다.

2 ▶ 구체적 개발 프로세스

1) 요구분석

신입사원 입문교육의 대상자는 과정 개발 시점에는 아직 입사하지 않
은 상태이며, 해당 과정에 대한 사전 정보가 전무한 상태이다. 따라서 요구
분석 대상 선정에 있어 교육당사자를 대상으로 한 조사는 불가능하였기에
기 실시한 신입사원 입문교육과정 결과를 토대로 강의만족도와 내용전달
면에서 상위에 위치한 우수 사내강사와 각 본부 내 선임부서의 부서장, 그
리고 교육담당부서의 부서장을 대상으로 필요교육 내용을 추출하기 위한
Brain Storming을 실시하였다.

그 결과, 총 45개의 교육내용(강의 주제)을 추출하고, 해당 내용들에 대
해 전사 부서장을 대상으로 설문을 통해 교육요구분석을 실시하였다. 설문
은 각 항목별 필요수준과 현재수준에 대해 리커트 5점 척도로 응답하도록
구성하였으며, 필요수준의 평균값(A)과 현재수준의 평균값(B)의 차이(A−B)
값을 기준으로 우선순위를 선정하였다. (A−B)의 값이 0보다 적은 경우에
는 현 수준이 필요수준에 비해 높다고 판단하여 신입사원 입문교육에는 적
합하지 않은 내용으로 보고 제거하였다. 우선순위가 높은 항목과 제거항목
을 제외한 나머지 항목은 상대적으로 우선순위가 낮은 항목으로 분류하였
으며 분석의 결과는 아래 〈표 1〉과 같다.

또한 과정 설문 결과를 바탕으로 X축에는 전 교육내용 항목의 필요수준(〈표 1〉의 A값) 평균을, Y축에는 필요수준과 현재수준의 차이(〈표 1〉의 (A)-(B)값)의 평균을 설정하여 Locus for Focus Model을 활용하여 아래 [그림 1]과 같이 도출하였다. [그림 1]에서 표현된 네 개의 사분면 중 교육의 우선순위는 1-2-4-3번 사분면 영역으로 설정하였으며, 1번 사분면과 2번 사분면에 위치한 9개 항목을 우선순위가 높은 것으로 분류하여 〈표 1〉에 반영하였다. 또한 3번 사분면 맨 좌측의 세 가지 교육내용(붉은점선 표기)은 〈표 1〉에서 제외된 내용과 동일함을 확인할 수 있었다. 이와 같은 분석 과정을 통해 신입사원 교육과정에 편성할 내용을 총 5개 모듈/42개 과목으로 확정하였다.

표 1 ｜ 과정 설문 결과

구분	교육내용 (세부 내용 삭제)	필요수준 (A)	현재수준 (B)	(A)-(B)	우선순위 높음	우선순위 낮음	제거 항목
핵심가치	핵심가치 (1)	–	–	–		V	
핵심가치	핵심가치 (2)	–	–	–		V	
이하삭제							
기본 역량	기본 역량 (1)	–	–	–		V	
기본 역량	기본 역량 (2)	–	–	V			
이하삭제							
직무 기본	직무 기본 (1)	–	–	–		V	
직무 기본	직무 기본 (2)	–	–	–		V	
이하삭제							
직무 심화	직무 심화 (1)	–	–	–		V	
직무 심화	직무 심화 (2)	–	–	–		V	
이하삭제							
직무 실습	직무 실습 (2)	–	–	–			V
직무 실습	직무 실습 (3)	–	–	–	V		
직무 실습	직무 실습 (4)	–	–	–			V

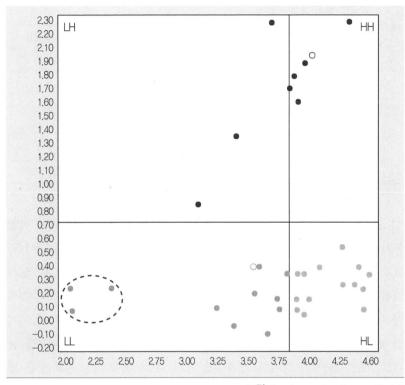

그림 1 ｜ Locus for Focus Model

2) 학습자 분석

학습자 분석은 해당 년도에 입사예정인원에 대한 배치계획자료 분석과 최근 입사한 직원을 대상으로 한 비공식 인터뷰를 병행하여 진행하였다. 해당 년도 전체 입사예정인원 약 198명 중 공학계열 전공자와 비전공자는 각각 90%, 10%의 비율이었으며, 공학계열 중 세부전공은 A공학(47%), B공학(25%), C공학(11%), D공학(8%), 기타(9%)로 구성되어 있었다. 또한, 입사예정인원을 고려한 직군별 배치 예정인원은 〈표 2〉와 같았다.

표 2 | 직군별 배치 예정인원

직 군	인 원	비 율	공학지식필요도
경영관리	7	3.5 %	낮음
조달	4	2.0 %	중간
영업	30	15.2 %	높음
생산관리	78	39.4 %	높음
설계	64	32.3 %	높음
연구개발	15	7.6 %	높음

위의 자료를 통해 90% 이상의 인원이 공학계열 전공자이며 배치 예정 부서에서 수행이 예상되는 업무 역시 94% 이상이 공학적 지식을 많이 필요로 하는 것을 알 수 있었다. 하지만 인터뷰 결과, 대다수의 인원이 입사 시점과 맞물려 있는 대학교/원 졸업 시점에는 재학 시 학습한 공학적 지식에 대한 인지 및 활용도가 상당히 낮으며, 직무수행에 필요한 공학적 지식을 입문과정에서 재교육할 필요성이 있음을 확인하였다. 이러한 내용을 골자로 하는 학습자의 상태 및 선수학습 정도, 부서 배치 예정 정보 등은 별도로 선별/정리하여 추후 실행할 교수 설계에서 반영할 수 있도록 하였다.

3) 과정 운영 형태 및 구성

회사 내부의 경영상의 이슈로 인해 과정 개발에 있어 예산의 제약이 상당히 많은 편이었다. 외부 교육시설에서 합숙으로 진행되었던 교육들에 대해 내부화 할 수 있는 방향을 전면적으로 검토하였으며 신입사원 입문교육 역시 마찬가지였다. 과거 자료를 확인한 결과 외부 연수시설에서 교육을 실시할 경우 통상 1주일에 인당 15~20만원 가량의 비용이 소요되었으며 해당 과정을 내부화 할 경우, 소요되는 비용이 약 1/5 수준으로 절감됨을 확인할 수 있었다. 이에 내부 회의실과 강의실을 이용하는 방향에서 2분반

체제로 인사팀과 발령 일정을 협의하여 3주간의 교육기간을 설정하였다. 총 3주, 120시간의 주어진 교육기간 내에서 요구분석을 통해 선정된 교육 내용에 대해 적정 교육시간을 SME와 협의를 통해 확정하였다. 또한 Module 배치는 ① 회사의 이해 → ② 사업영역의 이해 → ③ 업무 System의 이해 → ④ 직무 실습 순으로 도입부에 큰 그림을 제시하고 중반부에서 기본직 무지식－심화직무지식을 전달한 후 후반부에 실습을 통해 직접 오감과 행동으로 익힌 내용들에 대한 활용도를 높일 수 있도록 구성하였다.

4) 평가 체계 설계

기존 입문과정에서도 학습 성취도 평가는 실시하였으나, 단편적으로 지식 습득 정도만 파악하는 수준으로 진행되었다. 또한 평가 체계가 별도로 확립되어 있지 않고, 과정 운영자의 주관에 따라서 평가 내용의 변동이 발생하는 경우도 많았다. 따라서 해당 과정 설계와 동시에 일관된 평가체계를 확립하고 해당 내용에 대해 신입사원들에게 연수 기간 전반에 걸쳐 안내함으로써, 학습동기를 높일 수 있도록 유도하였다. 평가 내역은 총 100점 만점에 중간 지필평가(30), 최종 지필평가(40), 일일 과제(20), 태도(10)로 구성하였으며, 중간지필평가와 최종지필평가는 학습내용에 대한 문제은행 내 출제를 통해 학습성취도를 평가할 수 있도록 설정하였다. 일일 과제는 당일 학습한 내용에 대한 자체 요약－익일 피드백 형식으로 전일에 걸쳐 실시하여 총 취득점수 20점 만점 환산으로 반영하였다. 마지막으로 태도 부분은 정성적인 항목으로 과정 총괄 운영자와 강사의 지속적인 관찰에 따라 점수를 배분하되, 전체 인원을 고려하여 점수별 배분 인원을 확정하여 진행하였다. 해당 평가 내용은 매주 별도 정리하여 인사팀장 및 발령담당 자에게 과정 일일 보고 자료와 함께 제공하고 신입사원 발령에 고려 요소로 활용하여 각 교육생의 역량과 관심 직무에 맞춘 부서 발령이 이루어 질 수 있도록 사전 합의를 완료하였다.

5) 강사 선정 및 강사 육성

과거 실시한 신입사원 입문교육 내용 중 유사 과목이 있을 경우, 과거 강사 만족도 평가 자료를 활용하여 약 20% 내외의 과정에 대해서는 사전 강사를 지정/확보하였다. 나머지 과정에 대해서는 과목의 내용 상 가장 관계가 깊은 부서의 부서장 또는 관리자에게 강사 선정을 요청하였다. 강사 선발 요건은 최근 3개년 평가 B+ 이상 직원 중 해당 과목의 지식과 커뮤니케이션 스킬이 뛰어난 직원으로 기준을 설정하였다. 과목 내용 상 조직 내 타 부서에서 강사 선정이 어려운 과정(비즈니스 매너, 커리어 비전 수립 등)은 HRD 부서 내에서 강사를 선정하고, 외부 유사과정 수강을 통해 해당 과정의 사내강사로 지속적인 활동을 할 수 있도록 지원하였다. 이렇게 구성된 예비 강사 리스트를 교육부서장과 부서원들이 교차 확인하며 적합성 여부를 한번 더 검토한 후 최종 44명의 강사 명단을 확정하였다. 또한, 사내강사 44명 중 임원과 HR팀 소속 인원을 제외한 37명을 대상으로 1박 2일 16시간 과정으로 외부 전문강사를 초빙하여 교수설계와 전달력 향상을 주요 내용으로 하는 사내강사 역량 향상 과정을 실시하였다.

3 교수 설계

사내강사 역량 향상 과정 실시를 통해 교수설계에 대한 지식전달과 실습이 이루어졌기 때문에 교수설계에 대한 부분은 강사에게 일임하고 결과물에 대한 점검과 검토만 약식으로 실시하였다. 단, 강의자료의 서식 통일을 위해 PT자료 작성 시에 별도 양식을 지정하여 배포하였고, 해당 양식 내에 학습목표와 해당 과정의 흐름을 표기하는 장표와 마지막 부분에 전체 내용에 대한 정리 강사-교육생 간 피드백을 유도하는 장표를 별도 지정서

식으로 두어 전체－부분－부분－전체의 강의 흐름이 모든 과정에서 일관성
있게 지켜질 수 있도록 유도하였다. 또한 PT를 제외한 다른 강의 매체 활용
에 대해서도 예시와 더불어 적극 권장하였으며, 업무현장에서 실제 활용되
는 물품과 장비를 교보재로 활용하고, 시청각 자료의 적절한 삽입으로 교육
의 집중도와 이해도를 높일 수 있도록 강사와 담당자가 함께 노력하였다.

4 ▶ 평가방법 및 결과

　과정에 대한 평가는 크게 교육만족도 조사와 학습 성취도 확인을 위한
지필평가, 그리고 현업적용도 평가의 일환으로 부서 배치 4개월 후 부서장,
교육대상자 설문을 각각 실시하였다(OJT종료 시점에서 OJT만족도 평가와 동시
실시함). 조사결과, 교육만족도는 최근 3개년 동일과정 평균을 상회하는 결
과를 나타내었으며, 강사별 만족도 자료를 전체 사내강사에게 공유하여 전
체 강사 중 본인의 위치를 파악할 수 있도록 하였다. 그 중 하위 3개 과목
강사는 차후 개설 시 강사 제외 확정, 잔여 강사들에 대해서는 다음 신입입
문과정 강의를 위해 사전 교수설계의 필요성에 대해 다시 한번 안내하고
상시적 교안 업데이트를 유도하였다.
　학습성취도의 경우 과정 중반과 끝부분에 2회 실시 결과를 비교해 본
결과, 평균의 변화는 거의 없었지만 분산이 증가하였음을 발견할 수 있었
다. 이는 교육과정이 진행됨에 따라 교육생 개개인의 몰입과 동기부여 여
부에 따라 학습성취도의 편차가 점점 커지는 것으로 해석 가능할 것이다.

5 결론

S사의 신입사원 입문교육 과정개발은 체계적 접근을 통해 S사만의 독자적인 과정을 개발하고자 한 데에 의의가 있다. 또한 해당 과정 종료 후 S-OJT와 코칭을 도입하고자 한 것은 S사의 신입사원 관련 교육을 보다 정교화 하려는 시도로 평가할 수 있다. 또한 내부 인력만으로 과정을 개발하고 프로세스를 정립했던 부분은 HRD 부서의 내부 역량 향상 측면에서도 긍정적인 기여가 있었다.

그러나 해당 과정 개발에 있어 아래와 같은 몇 가지 한계점을 지니고 있으며 해당 부분에 대해서는 지속적인 개선이 필요하다. 첫째, 요구분석에 활용한 Locus for Focus Model의 경우, 좌표평면의 분면 해석에 따라 우선순위 결정에 차이가 있을 수 있고, 임계함수가 현재수준과 바람직한 수준의 단순 차이에 기초하고 있어 바람직한 방향성에 대한 판단이 어렵다는 한계가 있다. 아울러 다수의 항목이 좌표평면 특정영역에 집중되어 있어 분석에 어려움이 있었다. 둘째, 평가에 있어 학습성취도 평가를 실시하기 위해서는 과정 실시 전 선수 학습정도를 별도 파악하지 않아 정확한 성취도를 측정할 수 없었다. 해당 과정 실시 전 교육대상자를 대상으로 동일 문제은행에서 유사난이도로 테스트를 실시한다면 성취도에 대한 평가는 더욱 명확해질 수 있을 것이다. 유사한 관점에서 현업적용도 평가 역시 부서장의 기대수준에 대해 신입사원 배치 시점에 사전 설문을 진행하였다면 교육의 효과성에 대한 양질의 판단근거로 활용될 수 있었을 것이다.

07

A사의 점포근무자
직무보수과정 개발

김재영

The casebook of
HRD program development

HRD 프로그램개발 사례

07 A사의 점포근무자 직무보수과정 개발

김재영

1 교육과정 개발 배경

1) 외부 환경

가. SSM에 대한 규제 강화

SSM이란, Super SuperMarket의 약자로, 대형마트와 슈퍼마켓의 중간 규모로 대형 유통업체들이 운영한다. 대형 슈퍼마켓 혹은 기업형 슈퍼마켓 이라고도 한다. 약 100평 이상 900평 이하의 규모로, 국내에는 주요 4대 대형 유통업체가 운영하는 슈퍼마켓이 있다. 대형마트에 비해 용지 소요 면적이 작고 출점 비용이 적게 들며, 소규모 상권에도 진입할 수 있다는 장 점이 있어 2006년 이후 2015년까지 전국의 SSM 점포 수는 4~5배 가까이 증가하였다.

SSM 규제법은 2010년 11월 24일 정부가 전통시장과 동네 영세슈퍼의 보호를 위해 전통시장 반경 500m 이내에 SSM 직영점 진출을 제한하는 '유 통산업발전법: 유통법'과, 유통업체가 총 비용의 51% 이상을 투자한 SSM 가맹점을 규제하는 '대·중소기업 상생협력촉진법: 상생법'을 개정하였다. 이 두 법을 SSM 규제법이라고 한다. 또한 지방자치단체별로 심야시간대인

밤 12시부터 오전 8시까지는 영업을 할 수 없고, 매월 2회 의무휴업일로 지정되어 영업을 할 수 없다.

나. 시장의 경쟁 심화

경쟁사의 다양한 형태의 출점 방식 및 소형 유통업체에 적극적인 M&A로 SSM 규제에 대응해 왔다. 가치 소비가 강화되고, 1인가구/맞벌이부부 증가에 따라 온라인/모바일 쇼핑이 확대되며, 이에 기존 오프라인 경쟁구도에서 온라인 쇼핑업체 및 옴니채널에 대한 또 다른 경쟁구도로 확대되었다.

결국 정부 규제 강화 및 시장 경쟁 심화로 경영성과가 악화되고 출점 부진으로 인해 성장이 정체됨에 따라 예전처럼 브랜드 효과에 의한 성과보다는 고객과의 최접점에 있는 점포 근무자들의 역량에 따라 점별 성과가 결정되는 경향이 있었다.

2) 내부 환경

가. 특정 사업의 신입사원 퇴직률 상승

정부 규제 강화 및 시장 경쟁 심화에 따라 점포 근무 시간 및 강도가 강해짐에 따라 신입사원의 조기 퇴직률이 타 사업에 비해 높았다. 이에 퇴직자 실제 퇴직 사유 인터뷰를 실시하였다. 이는 신입사원 육성 및 조기 전력화에 필요한 시간 및 비용 등의 효율적 관리를 위함이기도 하였다. 인터뷰 실시 결과 점포 근무 강도로 인한 퇴직 사유가 가장 높았으며, 그 중 신입사원으로 아직 직무 수행에 필요한 지식, 스킬 등이 부족한 상태에서 파트 담당으로서의 책임감 있는 직무 수행에 대한 어려움이 크다는 의견이 있었다. 또한 현재 직무 교육의 경우 점포 근무 인원 부족으로 교육 참가가 어렵다는 직무교육 관련 Needs를 퇴직자 인터뷰를 통해 확인할 수 있었다.

나. 직무역량 평가 시 요구수준과의 Gap 발생

신입사원의 높은 퇴직률로 인해 점포 내 근무자의 입사 평균 년차는 지속적으로 낮아지고 있으며, 점포 내에서 인원부족 등으로 신입사원 OJT가 원활히 이루어지고 있지 않았다. 신입사원의 초기 직무 교육이 이루어지지 않은 상태에서 원활한 직무 수행을 기대하기는 어렵고 업무로 인한 스트레스 등으로 퇴직률이 높아지는 악순환이 반복되고 있었다.

기존 직무 교육은 트레이닝부서에서 실시하고 있으나, 직무 전문가가 점포 방문시 잠시 동안의 코칭 등 간헐적으로 이루어 지고 있어 효과를 기대하기에는 어려움이 있었다. 이에, 하나의 직무 근무자를 대상(142명)으로 직무역량 평가를 실시하였으며, 요구수준 5.0을 기준으로 평균 3.8로 나타나 1.2의 GAP을 보였다. 이와 같은 GAP을 해소하기 위해 체계화된 교육프로그램 개발이 필요했다.

2 ▶ 구체적 개발 프로세스

ISD 모형 중 아래 [그림 1]처럼 Dick & Carey 모형에 따라 프로그램 개발을 결정하였다.

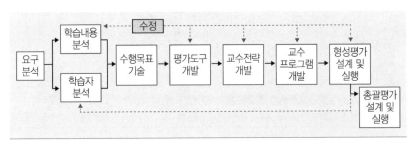

그림 1 ǀ Dick & Carey 모형

1) 요구 분석

조직 성과 향상을 위해 Business, Performance, Training 3가지 측면에서 교육계획을 수립하고자 하였으며, 해당 직무 근무자 대상으로 설문과 인터뷰, 직무 전문가를 대상으로 FGI를 실시하였다.

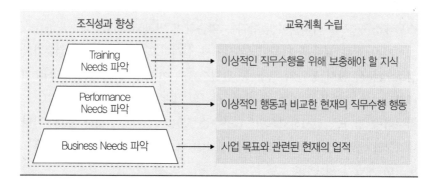

가. 설문조사와 인터뷰: 해당 직무 근무자 대상

해당 직무 근무자를 대상으로 직무역량평가 항목에 대해 재 점검 하였으며, 점포 근무에 있어 담당자로서 필요한 KSA에 대해 설문 및 인터뷰를 아래와 같이 실시하였다.

대상	정규직 142명 중 113명 응답
설문 내용	현재 수행하고 있는 업무 수행에 있어 가장 필요한 Knowledge, Skill, Attitude는?
주요 설문 및 인터뷰 내용	• 상품의 이해와 상품화 작업에 대한 교육필요 • 어떻게 상품을 진열하는가? 어떤 상품을 연관 진열해야 하는가? • 시기적 계절적인 상품의 흐름 파악 • 고객, 상권 분석 능력 • 체계적인 위생관리 능력 • 선도관리(상품별 진열기간, 기본 당도 등) • 전반적인 회계 지식 등

나. 직무 전문가 FGI 실시

직무교육을 실시하는 직무 전문가 5명을 대상으로 현재 해당 직무 근무자에게 가장 시급한 역량과 중요한 역량에 대해 FGI 실시하였다. 그 개요는 아래 〈표 1〉과 같다.

표 1 | 직무 전문가 FGI

대상	직무 전문가 5명
설문 내용	해당 직무 교육에 있어 가장 시급하다고 생각하는 것은 무엇입니까?
주요 인터뷰 내용	• 체계적인 직무 향상 교육: 기본 → 향상 → 전문 • 역량 검증 및 역량 수준별 차별화 교육 • 집중하여 교육할 수 있는 시간 • 선진 사례 BM 기회 부여 • 보다 현장 중심의 학습 필요(OJT) 등

3 ▶ 학습 내용 분석(DACUM 실시)

학습내용을 분석하기 위해 DACUM을 실시하였다. 그 개요는 다음과 같다.

① 전문가 집단 사전 안내: 메일을 통해 전문가를 대상으로 실시 목적과 DACUM 프로세스 등에 대해 사전 안내를 제공하였다.

② 전문가 집단 DACUM 실시를 통한 직무 정의 확인 및 Duty, Task 도출: 비교적 적은 시간으로 해당 직무에 대해 심층적인 정보를 얻을 수 있는 DACUM을 실시하였다. 직무 전문가(SME) 5명을 대상으로 시간적 여유를 가지고 1일에 걸쳐 브레인스토밍을 통해 Duty와 Task를 도출하였다. 도출된 DACUM 결과의 예시는 다음과 같다.

OO담당 (직무명)	직무의 매출 및 매출이익관리를 위해서 재고관리 및 경쟁점 벤치마킹을 하고 이에 따른 영업전략을 수행함.

* 직무에 대한 정의는 기 설정되어 있었음.

Duty	Duty 정의	Task
매출관리	주력상품의 적극적인 판매로 매출 활성화 및 관리	상품동향파악(시기별 상품 진열량 적정 배치) 풍성한 진열, 주력상품 집중 판매, 단골 고객 확보
영업관리	지역적 특수성을 고려하여 지역에 적합한 상품선정 및 그에 따른 영업전략을 수립	상품 진열도 작성, 진열, 가격 책정, POP연출, 선도 관리(골라내기, 선도체크) 소분 포장(상품화 작업), 청소 및 정리정돈
발주관리	Data에 의한 주력상품과 비주력 상품의 정확한 발주로 기회 loss방지 및 결품 최소화	발주 정보 수집(주요 품목 및 저장고 재고 파악), 시황 숙지 및 경쟁점 파악 판매량 예측, 예상 진열도 작성, 발주 화면을 이용한 발주, 발주 확인
검수, 검품	입고상품 리스트에 준하여 진열, 작업, 저장 상품으로 구분하여 신속히 이동, 신선도 유지	상품 하역 및 검수(상품 도착 후), 매장 입고(진열상품상품화 작업상품, 저장상품 구분하여 이동), 클레임 등록

③ 도출된 Task에 대해 정의하고, 세부 교육목표(Step)를 도출하였다. 그 예시는 아래 [그림 2]와 같다.

Task	Task 정의	교육목표 도출
검품을 할 수 있다.	• 상품 하차 시 입고 상품의 품질을 확인할 수 있다.	• 규격, 산지, 생산자가 다른 상품을 식별할 수 있다. • 육안, 후각, 촉각, 미각에 의거하여 상품을 식별할 수 있다. • 국립 농산물 품질관리원의 기준 당도 이상의 상품을 분류할 수 있다. • 당도 확인을 위하여 당도측정기를 사용할 수 있다.
냉수처리를 할 수 있다.	• 선도에 민감한 엽채류를 냉수처리 방법을 통하여 신선하게 유지 및 판매할 수 있다.	• 냉수처리 이유를 설명할 수 있다. • 냉수처리 대상 상품이 무엇인지 구별할 수 있다. • 냉수처리 준수사항을 설명할 수 있다. • 계절별 냉수처리 요령을 설명할 수 있다. • 냉수처리를 정해진 절차에 의해서 할 수 있다.

그림 2 ｜ 세부 교육목표

④ 도출된 Task와 교육목표에 대한 우선순위를 도출하였다: 전문가 집단에서 선정한 중요도, 난이도, 빈도 등을 고려하고, 이미 실시한 역량평가에서 결과가 낮은 항목을 중심으로 교육 우선순위를 선정하였다(아래 [그림 3] 참조).

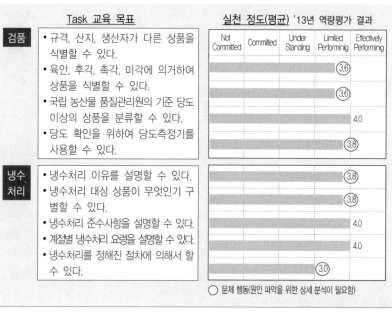

그림 3 ｜ 교육 우선순위

4 교수설계

1) 평가 도구 개발

① Task 세부 교육 목표별 평가도구 개발

지필평가와 체크리스트를 평가도구로 활용하고, 문제행동 중심으로 중점 교육해야 할 분야를 선정하였다. 아래 〈표 2〉는 예시자료이다.

표 2 | Task 세부 교육목표별 평가도구 개발

Task		평가도구	
		지필평가	체크리스트
검품	규격, 산지, 생산자가 다른 상품을 식별할 수 있다.	○	○
	당도 확인을 위하여 당도측정기를 사용할 수 있다.	○	○
냉수처리	냉수처리 이유를 설명할 수 있다.	○	X
	냉수처리를 정해진 절차에 의해서 할 수 있다.	○	○

② 지필평가의 경우 아래와 같이 이원분류표(지식, 이해, 적용 등)를 이용하여 문항을 구성하였다.

교육목표	지식	이해	적용	분석	종합	평가 (비평)	전체
규격, 산지, 생산자가 다른 상품을 식별할 수 있다.	2		2				4
육안, 후각, 촉각, 미각에 의거하여 상품을 식별할 수 있다.	3		2				5
당도 확인을 위하여 당도측정기를 사용할 수 있다.	2		2				4
냉수처리 이유를 설명할 수 있다.	2	2					4
냉수처리 대상 상품이 무엇인지 구별할 수 있다.	2		2				4
냉수처리를 정해진 절차에 의해서 할 수 있다.	2		2				4
계	13	2	10				25

③ 체크리스트를 이용한 업무 Process를 점검하였다.

표 3 | 정해진 절차에 의해서 냉수처리를 할 수 있다(예시).

업무 Process	예	아니오
1. 냉수 만들기		
1-1. 사전재료 준비하기		
a. 냉수를 준비한다		
b. 얼음을 준비한다		
1-2. 만들기		
a. 비율에 맞추어 냉수를 만든다		
2. 상품 준비하기		
2-1. 사전 작업하기		
a. 상품의 흙을 제거한다		
b. 상품의 이물질을 제거한다		
3. 상품에 냉수 작업하기		
3-1. 상품 입수 작업하기		
a. 단을 잡고 뿌리부터 입수시킨다		
b. 하절기에는 잎 부분만 냉수처리를 한다		
c. 담그는 시간은 5~8초를 유지 후 뺀다 하절기 4분, 동절기 2분 간 반복한다		
4. 상품보관하기		
4-1. 상품 보관 작업하기		
a. 진열 및 용기에 세운다		
b. 상품 사이에 신문지를 넣어 보관한다		

2) 교수 전략 개발

가. 전달 체제의 선정

근무 지역의 다양성, 시간의 효율성 등을 고려하여 본 학습은 인터넷 기반의 온라인 학습으로 결정하고, 사후 활동으로 점내에서 리더를 통한 현장 실습 중심의 OJT 실시를 결정하였다.

나. 내용의 계열화와 군집화

가르칠 순서(중요도, 빈도 등을 고려)와 내용 규명을 통해 내용을 계열화하고, 기본 개념 → 시연 → 활용 실습 순으로 진행하였다. 교수 프로그램의 군집화를 통해 주요 Task 별로 각 30분의 온라인 컨텐츠를 개발하였다.

다. 학습요소 기술

첫째, 본격적인 학습내용을 전달하기에 앞서 도입부분으로 주의집중, 동기부여, 목표제시, 선수학습 수준에 대한 정보 등을 확인한다. 둘째, 학습 내용 및 학습 안내 등 내용을 전달하고 학습자가 직접 실습한 후 그 과정과 결과에 대한 피드백을 제공한다. 셋째, 사전, 사후 평가 및 후속활동(기억, 전이)을 실시하였다.

표 4 | 학습요소(e-러닝 기반) 예시

구분	Time	검품	냉수처리
사전교수활동 – 주의집중 & 동기 부여, 목표제시, 선수학습수준 정보제공	'3	1. Spot Quiz('1"30) – 다음 중 산지가 다른 상품은? – 선도가 저하된 상품의 미각은? 2. 목표제시('1"30)	1. Spot Quiz('1"30) – 냉수처리 대상 상품이 아닌 것은? – 다음 상품은 냉수처리 전, 후? 2. 목표제시('1"30)
내용요소제시 – 학습내용, 학습 안내	'15	1. 규격, 산지, 생산자가 다른 상 품을 식별할 수 있다.('5) 2. 육안, 후각, 촉각, 미각에 의거 하여 상품을 식별할 수 있다.('5) 3. 당도 확인을 위하여 당도측정 기를 사용할 수 있다.('5)	1. 냉수처리 이유를 설명할 수 있다.('5) 2. 냉수처리 대상 상품이 무엇인 지 구별할 수 있다.('5) 3. 냉수처리를 정해진 절차에 의 해서 할 수 있다.('5)
학습자참여 – 연습, 피드백	'6	사진을 통하여 상품 식별 연습	냉수처리 주요 절차 사진 배열을 통한 연습
후속활동 – 기억, 전이	'6	학습 내용 복습('3) 과제 및 평가 안내('3)	학습내용 복습('3) 과제 및 평가안내('3)
	'30		
평가 – 출발점 기능, 사전, 사후	'25	지식: 7문항, 적용: 6문항	지식: 6문항, 이해: 2문항 적용: 4문항

3) 교수 프로그램 개발(교수자)

직무 전문가를 대상으로 해당 내용과 기준에 대해서 전달하고, 전적으로 직무 전문가에 의해 진행되었다.

구분	내용
전달 체제와 미디어 선택의 제고	전달 체제와 미디어 선정에 있어서의 절충 – 기존 자료, 비용 한도, 교사 역할의 유효성
교수 패키지 요소 결정	어떤 자료들을 포함할 것이고, 어떻게 보일 것인지에 대한 분명한 개념
기존 교수프로그램 선택	교수에 기존의 어떤 자료들을 채택하거나 변화시킬 것인지에 대한 결정
교수프로그램 개발	총괄 평가에 필요한 자료들의 초안과 운영 정보

5 ▶ 평가 방법 및 결과

교수 전략에서 명시된 것과 같이 전달체제로 인터넷 기반의 온라인 학습과 점내에서 리더(점장)를 통한 현장 실습 중심의 OJT를 순차적으로 실시하였다. 온라인 학습 후에는 만족도 및 지필평가를 실시하였다. Task별 온라인 컨텐츠 학습 후 문제은행형식으로 지필평가를 실시하고, 기준점 이하의 학습자에게는 재수강 및 재평가를 하였다. 이후 점내에서 리더(점장)를 멘토로하여 6개월간 OJT 형식으로 해당 직무 근무자 교육 및 현장 실습을 실시하였고, 업무 Process 체크리스트를 활용하여 개인평가와 리더평가를 지속적으로 자체 실시할 수 있도록 하였다. 그 결과 6개월 후 직무역량 평가시 기존 평균 3.8에서 교육 후 평균 4.1로 상승하였다.

6 결론

기존의 교육 체계 내에서 실시되던 일반적인 교육프로그램과는 달리 내외부의 환경 등을 고려하여 기업의 직접적인 경영 이슈를 해결하기 위해 계획한 교육 프로그램이었다. 도출된 이슈 해결을 위해 DACUM법을 활용해 교육 프로그램을 개발하였으며, 기존에 설정된 직무 전문가의 참여로 프로그램 개발 시 비교적 짧은 시간이 소요되어, 최대한 빨리 현장에 적용할 수 있었다. 또한 개별 직무 전문가들이 개인별로 가지고 있던 암묵지를 다 같이 모여 형식지화 함으로써 표준화된 직무 교육을 실시할 수 있었으며, 기존의 짜집기식 교육 프로그램이 아닌 프로세스에 따른 전체 프로그램 개발에 직무 전문가들이 직접 참여함으로써 직무 전문가들의 역량 향상에도 도움을 줄 수 있었다.

온라인 교육 실시 후 만족도, 학습 평가에 그치지 않고, 6개월 간의 시간을 두어 현장 적용도 평가를 실시함으로써 실제 교육 효과까지 검증하고자 하였으며, 이후 학습자 개인 및 리더에 의한 역량 평가를 실시하였고, 교육 전보다 향상된 직무역량 수준을 확인할 수 있었다. 최초 신입사원의 직무역량 수준 향상과 직무 스트레스로 인한 퇴직률 감소의 두 가지 큰 목적을 가지고 실시한 프로그램 개발 및 운영에서 결과로 볼 수 있듯이 직무역량은 교육 전에 비해 상승하였으나, 퇴직률에 있어서는 지속적인 증가 추세는 줄어들었지만, 급격한 감소로 나타나지는 않았다. 이에 조직 내 문제 해결 시 교육으로 해결해야 하는 부분과 교육 외적인 솔루션이 병행될 필요가 있다.

08

A그룹 신입사원
연수 과정

한철기

The casebook of
HRD program development

HRD 프로그램개발 사례

08 A그룹 신입사원 연수 과정

한철기

1 교육과정 개발 배경

빠르게 변화하는 최근의 경영 환경에 대응하고 선도하기 위해 기업은 내부 조직환경의 변화와 혁신적 업무강조, 그리고 산업 트렌드에 맞게 사업구조를 개선하며 경쟁력을 갖추고자 노력하고 있다. 이러한 상황에서 기업의 가장 큰 경쟁력으로 인적자원은 지속 가능한 경영을 위한 요소로 자리매김하였다. 결국 인적자원을 효율적으로 개발하여 지속적인 성과 창출로 연계될 수 있도록 기업의 효과적인 인적자원 운영이 필요하다. 그리고 시장 및 경영 트렌드가 빠르게 변화하고 새로운 기술과 이슈가 생겨나면서 다양한 형태의 인적자원 혁신을 요구하고 있다. 기존에 일방향으로 인적자원개발을 진행하던 기업들도 다양한 방법과 커뮤니케이션을 통하여 인적자원개발 방법들을 강구해 내고 있는 상황이다.

다양한 인적자원 중에서 신입사원에 대한 중요도는 점차적으로 증가하고 있다. 비록 경제침체로 인하여 신규 입사자의 수가 전체적으로 감소하고 있지만 그 중요도는 더욱 강조되고 있는 상황이다. 이에 기업들은 성과를 지속적으로 창출하고, 사업을 확장할 수 있는 인재를 확보 및 육성하기 위하여 많은 노력을 기울이고 있으며 인재를 확보하는 주요한 방법 중 하

나로 신입사원을 채용하여 입문교육을 실시하고 있다.[1]

본 사례는 이러한 신입사원들이 기업에 입사하여 받게 되는 기본 과정을 대상으로 분석하였다. 구체적으로 신입사원 기본 과정 개발사례를 살펴보기에 앞서 당시 A그룹이 처한 인적자원개발과 관련된 다양한 상황에 대하여 이해를 할 필요성이 있다.

1) 신입사원 채용형태의 다변화

오늘날 기업의 경영환경은 빠르게 변화되는 산업 및 유통 경로, 고객의 지적 소비 강화, 충성고객수의 양극화, 시장 트렌드의 지속적인 변화를 체감하고 있다. 경기침체가 지속되고 글로벌 시장의 불안정성이 확대되는 상황에서 기업은 다양한 혁신과 변화의 요구에 직면하고 있다. 최근 시장경제 전반이 낮은 성장을 보이는 가운데 신규로 기업에 진입하는 신입사원들의 채용 시기 및 시스템의 변화도 불가피하게 대두되고 있다.

A사는 기존에 운영하던 공채 제도를 수시채용 제도로 변경하고 기존 인턴십 제도를 직군별 인턴십 제도로 변경/확대 운영하였다. 이러한 상황에서 자연스럽게 월/분기별 수시채용 인원이 증가하고, 인턴십 과정을 거친 후 채용되는 인원이 증가하면서 신입사원 입문과정의 변화가 필요하다는 경영진들의 요구가 계속되었다.

또한, 매월 채용되는 신입사원 대상 소규모 입문교육(30명 이하)의 효율성이 문제로 인식되어 운영되지 못하는 상황이었다. 그렇다 보니, 현업을 수행하다 일정 인원이 채용되면 신입사원 입문과정에 참가하는 등, 같은 차수의 신입사원 연수과정 내에서도 입사 시기의 차이가 존재하는 문제점들이 발생하였다. 매번 소규모의 신규입사자가 발생할 때마다 신입사원 입

---

1 백주은(2011), 신입사원 입문교육과 조직몰입의 관계에서 자기효능감의 매개효과, 고려대학교 교육대학원 석사학위 논문

문과정을 운영하기에는 효율성이 결여되어 어려움이 있었다. 따라서 일정 규모 이상이 되어야 신입사원 연수를 실시하여 입문시에 학습자들의 이해도의 차이가 많이 발생하는 문제점이 있었다. 이와 같은 문제들을 해결하기 위하여 신입사원 입문과정에 대한 개선 요구가 대두되었다.

2) 글로벌 인적자원 채용 강화

국내 내수 시장이 포화인 상황에서 A그룹은 중국, 일본 등 아시아 시장을 기점으로 유럽, 미주 시장진출에 집중하고 있었다. 이러한 상황과 맞물려 2010년 이후 해외 각 지사의 인력 채용이 증가하기 시작하였다. 현지 인력의 채용과 한국 본사에서 파견하는 인력까지 포함하여 다양한 국가, 인종, 종교를 가진 인력들이 함께 업무를 하기 시작한 것이다. 이러한 상황에서 글로벌 비즈니스에 맞춘 교육 프로그램이 필요하다는 해외 지사의 의견과 경영진들의 요구가 있었다.

글로벌 시장에서의 비즈니스와 해외 지사 내부 조직에서 발생하는 다양한 문제들을 사전에 해결하기 위하여 교육이 필요하였다. 글로벌 인적자원을 충분히 활용하여 해외 시장 조기 정착 및 안정화를 이끌어 내기 위한 전략적 과제로 운영될 수 있도록 글로벌 인재 양성이 중요 핵심 사업으로 선정되기도 하였다. 채용 과정에서만 우수한 인력을 선발하는 것이 아니라, 다양한 문화와 종교를 가진 인력들이 협업을 통하여 최고의 시너지 효과를 낼 수 있도록 신입사원 과정에 다양한 글로벌 교육 프로그램을 개발, 적용시킬 필요가 있었다. 또한 다문화에 대한 반응, 그리고 이문화를 수용하고 그 속에서 서로를 이해할 수 있는 소통 능력 함양 또한 함께 이루어져야 한다는 요구가 있었다.

3) 신입사원 조기 퇴사율 증가

기업에서의 신입사원 조기 퇴사율은 큰 문제로 부각되고 있다. A그룹에서도 지속적으로 신입사원 중도 퇴사율이 증가하여 인사제도 및 급여 체계의 변화, 그리고 교육 제도의 변화를 요구하고 있었다. 신입사원으로 입사하여 기업의 가치를 이해하지 못하고 부적응으로 조기 퇴사하는 경우는 경제적 손실뿐만 아니라 기존 사원들의 사기 저하 및 인력 수급의 문제가 함께 동반된다. 각 기업들은 신입사원의 조기 퇴사를 방지하고 빠른 조직 사회화를 통해 조기 전력화를 목표로 조직 적응 교육에 대한 많은 고민을 해야 한다(김지영, 2007). 이러한 기업 내부적 이슈로 인하여 CEO 및 각 사업단위에서 신입사원의 조기 퇴사율을 낮추는데 기여할 수 있는 신입사원 입문교육의 개선을 요구하였다.

2 ▶ 구체적 개발 프로세스

본 프로그램 개발 사례는 아래와 같은 프로세스를 거쳐 진행되었다([그림 1] 참조). 그리고 각 단계별 세부 내용은 다음과 같다.

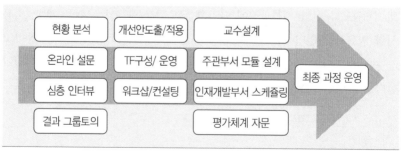

그림 1 ┊ A 그룹 신입사원 연수 프로그램 개발 과정

1) 현황 분석

가. 입문교육의 현황 분석

기존 신입사원을 대상으로 요구분석을 통하여 현재의 현황을 점검하고 문제점을 도출하였다. A그룹은 각 사업단위마다 요구하는 역량이 다르지만 통합된 그룹단위의 신입사원 입문 과정이 필요하였다. 요구분석을 위한 자료수집을 위해 온라인 조사를 실시 하였다. 그리고 온라인 조사를 통하여 도출된 결과를 기초로 사업단위의 필수 및 필요 역량을 파악하기 위하여 최근 3년간의 신입사원 입문과정 우수 수료자를 대상으로 심층 인터뷰를 실시하였다. 세부 방법은 아래와 같다.

① 현업 온라인 조사 실시

각 사업단위의 필요역량이 다르고 그룹 차원의 통합 입문교육을 개발하여야 하는 상황이기에 전체 계열사 협업을 통한 온라인 조사를 실시하였다. 조사대상은 최근 2년간 신입사원 연수를 수료하고 신입사원을 배치 받은 각 팀의 팀장급(300명)과 각 신입사원의 멘토로 지정된 선임급 사원(600명), 그리고 각 사업단위의 전략/인사 담당자들(60명)을 대상으로 온라인 설문조사를 실시하였다.

실시 기간은 마지막 신입사원 입문 과정 종료 5개월 후에 실시하였다. 온라인 조사의 목적이 신입사원 입문과정의 수정임을 강조하는 2회의 이메일을 사전에 공유하였다. 설문지 내용은 14개의 객관식 문항과 1개의 주관식 문항으로 구성하였으며, A그룹의 핵심역량과 핵심가치를 상기시키기 위하여 설문지 상단에 기재하였다. 선택지는 최대 3개까지 중복체크가 가능하게 하였으며, 주관식은 자유롭게 기술하도록 하였다. 15일간의 설문 기간을 통하여 설문 응답률은 팀장급 35%, 멘토 및 선임급 49%, 전략/인사 담당자 61%의 유효 응답률을 보였다.

설문조사 분석 결과는 아래 〈표 1〉과 같다.

표 1 ¦ 온라인 설문지 분석 결과 상위 5개 우선순위

팀장급		멘토 및 선임사원급	
항목	응답비율	항목	응답비율
조직 및 팀워크	26.9%	회사 산업 및 부문 기능의 이해	18.5%
도전 및 혁신적인 마인드	12.1%	조직 및 팀워크	18.0%
성실성/책임감/효율성	11%	성실성/책임감/효율성	12.2%
회사 산업 및 부문 기능의 이해		업무역량 개발 SKILL	
회사에 대한 소속감/로열티		회사에 대한 소속감/로열티	

• 주관식 상위 설문 결과

팀장급		멘토 및 선임사원급	
항목	응답비율	항목	응답비율
업무협업 및 비즈니스 역량	55%	회사 구조 및 비즈니스 역량	40%

온라인 설문조사 분석 결과를 바탕으로 사업단위 및 직무별로 다른 의견들을 통합하기 위해 교육 담당자 2명, 인사 담당자 2명, 기업문화 담당자 2명, 전략기획 담당자 2명, 총 8명의 실무자가 참석하여 브레인스토밍 방식으로 회의를 진행하였다. 또한, 신입사원에게 회사의 향후 미래 전략방향과 중장기적 회사의 방향을 교육시키고 올바른 기업문화를 정착시킬 수 있도록 기업문화 담당자가 참석하여 의견을 개진하였다. 약 1시간씩 5번의 회의를 통하여 진행되었으며, 회의가 원활이 진행될 수 있도록 HRD 담당자가 퍼실리테이터의 역할을 수행하였다. 그 결과 도출된 포인트는 향후 심층 인터뷰를 통하여 구체적인 대안으로 발전시켜 교수설계 시 각 과정에 포함시키는 기초 자료로 활용되었다.

도출된 포인트는 첫째, 신입사원 입문교육 전후 팔로우십 강화, 둘째, 신입사원 입문과정 내 팀 프로젝트 개선, 마지막으로 회사 구조 및 산업을

이해할 수 있는 다양한 과정 강화를 포함하였다. 기존 과정과의 접목 및 수정 개발을 위해 기존 신입사원 입문과정 우수 수료자를 중심으로 도출된 포인트가 현재의 교육과정 진행으로 충분히 습득이 가능한지, 아니면 수정 및 보완되어야 하는 과정이 있는지에 대한 심층 인터뷰를 실시하였다.

② 기존 우수 수료자 인터뷰 실시

기존 신입사원 입문과정 수료자 중 우수 성적 수료자 및 연수생 대표를 심층인터뷰하였다. 사업단위별 사전 온라인 설문조사 결과를 바탕으로 실무자들의 토의를 통해 도출된 3가지 포인트를 중심으로 1:1 방식으로 실시되었다.

인터뷰 대상 선정은 신입사원 입문과정 최근 3개년 수료자 중 우수 성적 상위 3명씩 총 12명, 각 연수 기수 대표 2명씩 총 10명을 선발하여 인터뷰를 진행하였다. 연수 성적 상위자의 경우는 직무를 구분하여 선발하였다. 예를 들어 마케팅, 영업, 생산, 지원, R&D 직군의 분포도를 고려하였다. 이는 그룹사 통합 입문과정을 개발해야 하는 목적에 맞게 다양한 의견을 수렴하기 위함이었다. 연수대표이면서 우수 성적자로 중복선발이 될 경우는 차순위자를 인터뷰 대상자로 선정하였다.

인터뷰 시기는 1개월간 진행되었으며, 현업 업무를 수행하고 있는 사원이기에 사전 시간 조율을 통하여 약 1시간에서 1시간 30분씩 진행되었다. 사전에 인터뷰 목적에 관한 메일링과 전화 사전 인터뷰를 진행하였으며, 인터뷰 진행시 질문할 내용들은 인터뷰 대상자들의 편의와 심도있는 인터뷰를 위하여 사전에 제공하고 서면 피드백을 받은 후 인터뷰가 진행되었다. 교육 담당자가 인터뷰 전 서면 피드백 내용을 숙지하고 인터뷰에 응하여 각 포인트 별로 깊이 있는 인터뷰를 진행하기 위함이었다.

사전 설문지에 대한 내용은 첫째, 신입사원 입문과정 전 후로 느끼게 된 점, 둘째, 신입사원 입문 과정에서 느낀 A 그룹사의 가치 및 산업 체계를 이해하였는지, 셋째, 팀 프로젝트 운영시의 문제점 및 개선방향 등을 중점적으로 인터뷰하였다. 심층인터뷰 결과는 아래 〈표 2〉와 같다.

표 2 | 심층인터뷰 분석결과

POINT	세부 내용
1. 이해의 장벽 발생	신입사원/기존 현업경험 사원간의 이해의 수준의 차이 발생 : 기존 현업경험의 사원들은 자신들의 사업부/팀 단위의 문화를 전사의 문화로 이해하고 있는 경향이 있어 이해의 수준의 차이가 있음
2. 직무별 만족도 상이	각 직무별 타 직무에 대한 이해 노력도 감소 : 자신의 직무가 아닌 타 직무에 대한 이해를 하는 과정에서 일방적인 강의식 전달로 인해 이해 수준 저하
3. 평가결과의 기대수준 차이	신입사원간 평가에 대한 기대수준의 차이가 큼 : 신입사원과 기존 현업경험 사원들간의 평가결과를 받아들이는 차이가 큼(신입사원의 경우 기존 현업경험 사원보다 높은 기대수준을 나타냄)

인터뷰 결과 얻어진 상기 내용을 요약하였을 때 신입사원 입문과정 후 회사의 기대치와 신입사원의 기대치의 차이가 많이 발생하였다. 회사의 기대 목표는 신입사원을 조기 전력화 시키기 위한 회사의 비전을 제시하고 가치를 명확히 전달하는 것이 목표였다. 그러나 신입사원 입문과정에 참가한 신입사원들의 경우 현업 적용을 위해 사업을 이해하는 단계, 실무적 경험 및 사전 지식 습득이 목표였다. 이러한 결과를 토대로 회사와 신입사원 간 신입사원 입문교육에 대한 목표 기대 차이를 줄이는 과정도 함께 고려되어야 할 필요가 있었다.

나. 개선 포인트 도출을 위한 TF 구성 및 운영

온라인 설문 및 실무자 토의 그리고 개별 심층인터뷰를 통하여 얻어진 현황 결과를 바탕으로 신입사원 입문 과정의 개선 포인트를 도출하고 현업에 어떻게 적용시킬 것인가에 대한 TF를 구성하였다. 기초 자료로는 사전에 얻어진 결과물과 문헌연구, 그리고 CEO 및 경영진들의 요구사항, 자문

단의 자문을 활용하였다.

　TF는 총 5명으로 구성되었으며, 기존 사전 온라인 설문조사 결과를 중심으로 포인트를 도출했던 인사, 교육, 전략, 기업문화 실무 담당자 4인과 그룹경영전략 실무 담당자 1인이 참여하여 진행되었다. 주 1회의 워크숍 형식을 이용하여 1달여간 총 4회가 진행되었으며 신입사원 입문과정의 개선포인트를 제안하고 각 직무별 필요한 과정을 도출하였다. 주차별 목표는 아래와 같다.

회차	회의 주제	내용
1	도출된 개선포인트 명확화	신입사원 실무능력(팔로우십) 강화
		신입사원 연수 중 평가의 명확화
		연수 중 프로젝트의 목적 명확화
2	개선포인트의 그룹화 진행 및 필요사항 논의	연수 과정 개선 1 (능력강화, 전사가치체계 전달 강화)
		연수과정 개선 2 (연수 프로젝트, 평가 체계화)
3	그룹화된 개선 포인트 세부적인 개선안 토의/선정	신입사원 능력강화: 연수 전, 후과정 설계 필요, 활동 프로젝트의 퍼실리테이터 투입 과정
		전사 가치체계 전달 강화: 기업문화 이해 프로젝트 추가, 사내 임원 및 주요인사 활용, 기업문화를 이해시키고 비전 제시
		연수 프로젝트 개선: 연수 프로젝트시 퍼실리테이터 투입을 위한 과정 개설 및 연수 프로젝트의 목적 재설정
		평가 체계 강화: 신입사원 연수결과에 대한 피드백 및 연수 전, 후과정까지 이어지는 평가 단계 체계화 실시

　개선 포인트 도출 및 적용을 위하여 TF의 운영 방식은 브레인스토밍으로 진행하였으며 다양한 부서의 기대사항과 신입사원 입문과정의 필요사항을 논의할 수 있었다. 원활한 토론을 위해 운영 3일 전 당일 논의될 내용에

대한 각 팀 및 담당의 생각과 필요사항을 정리하여 공유할 수 있도록 하였다. 전 주차 회의 시 도출된 내용에 대한 각 팀 및 직무 별 필요사항을 피드백 하고 차주 논의해야 할 사항 및 다시 중점적으로 고려해야 할 사항에 대하여 논의할 수 있도록 하였다.

다. 최종 개선 포인트 선정 및 과정 적용 방안 선정

위 3단계의 요구조사 및 구체적 프로세스를 통하여 얻은 결과물을 재확인하는 과정을 실시하였다. 현재 신입사원 연수과정의 개선이 필요한 큰 이유 중의 하나가 채용 시스템의 다양화에서부터 시작되었기 때문에 신입사원 채용 시기에 맞는 교육이 우선적으로 필요하였다. 그래서 그룹내 통합 신입사원 연수과정을 중심으로 연수 전 프로그램과 연수 후 프로그램을 개발하여 총 3가지 과정을 운영하는 것으로 의견을 모았다. 연수 전, 후 과정을 통하여 신입사원 채용시기의 다양화로 발생하는 신입사원별 회사 이해의 차이를 일정한 수준으로 유지할 수 있도록 하는 것이 핵심이었다. 이와 같은 3단계 과정에 사전에 추가적으로 문제가 제기되었던 이슈와 도출된 개선포인트의 접점을 찾기 위한 작업이 지속적으로 진행되었다.

3 교수설계

1) 교육과정 세부 내용/모듈 구성

구체적인 프로세스에서 언급된 과정을 통하여 얻어낸 결과물과 적용 가능한 범위가 결정된 후 실제 교육과정을 수정하는 작업이 이루어 졌다. 신입사원 입문과정의 운영은 인재개발 부서에서 진행되지만 과정 내의 세부 모듈을 구성하는 것은 해당 직무 주관 부서에서 실시하였다. 인재개발 부서에서는 교육과정의 가이드라인(컨셉, 적용해야 하는 내용, 시간, 운영 방법)을 제시하고 이 과정을 실제 운영하기 위한 모듈구성은 각 직무 관련 팀으로 이관을 하였다. 예를 들어 기업가치를 명확히 이해하는 것이 목적인 교육과정이라면 기업가치문화 주관부서를 통하여 세부 모듈을 구성하도록 요청하였다. 이렇게 수정 및 재개발이 필요한 부분을 각 직무 및 관련 주관부서로부터 재설계 및 수정모듈을 받은 후, 인재개발 부서에는 적절성을 판단하고, 이를 운영상의 문제가 없도록 작업을 진행하였다.

실제 해외연수 및 관련 기관 탐방에 대한 모듈의 구성은 해외 지사 및 관련 기관과의 협업을 통하여 사전 스케줄링을 하고 인재개발 부서에서 퍼실리테이터를 파견하여 필요한 부분을 설명하기도 하였다. 사전 TF로 구성되었던 구성원들은 각 필요 부분에서의 퍼실리테이터 역할을 수행하고 이를 인재개발 부서로 피드백하는 업무를 통하여 교수설계 부분의 원활한 커뮤니케이션이 되도록 하였다.

2) 평가방법 자문

평가부분에 대해서는 신입사원 입문과정에서 정량적인 지표 결과를 운영하지 않은 상황에서 새로운 평가체계를 구성해야 했고, 사전/사후 과정에 대한 평가도 함께 운영해야 하는 상황이었다. 따라서 내부 모듈을 세부적으로 구성한 주관 부서로서 피드백과 인터뷰를 통한 사내 자문위원단 및 전문기관을 통하여 평가 체계 설계를 요청하여 운영하였다. 내부적인 이슈를 해결하고자 본 수정 프로그램을 개발하였지만, 평가는 정량 및 정성 지표가 함께 이루어져야 한다는 경영진들의 의사결정에 따라 컨설팅을 통하여 학습자 평가 및 사후 과정 운영 부분에 대한 자문을 구하였다.

4 결론

본 신입사원 교육과정 개발은 새로운 과정을 설계하는 것이 아닌 기존 과정을 그룹사 통합 프로그램과 경영진으로부터 발생한 요구사항 그리고 그룹 내외부적 경영이슈를 반영하여 수정하는 과정이었다. 유통과 제조 등 다양한 사업을 운영하고 있는 본 그룹에서 산업 트렌드 변화에 맞추어 내부 인재개발의 변화가 함께 이루어져야 한다는 것이 가장 큰 이유였다.

실제 본 기업이 신입사원 입문과정을 회사의 새로운 비전 제시와 신입사원들을 회사의 구성원으로서 조기전력화하려는 목적은 명확히 설정하였지만, 실제 운영상에서는 조기전력화만을 고려하여 운영이 되었다는 점을 해결하고자 하였다. 그래서 학습자 분석, 심층인터뷰, 그리고 온라인 설문조사를 통하여 다양한 의견을 반영하고 이를 적용하기 위한 노력을 하였다. 실제 모듈 설계 부분에서도 현업 및 각 직무에서 중요하게 여기는 부분을 직접 설계하도록 하였다. 물론 기존의 조기전력화를 위한 부분도 일부 포함을 시켰다.

설문조사 결과 나타난 부분을 인재개발 부서에서만 분석하고 수정, 재개발하는 것이 아니라 각 현업 부서와 관련 업무를 수행하고 있는 부서의 의견을 함께 듣고 수정 과정을 거쳐 만들어 가는 것이 핵심이었다. 이러한 방식의 운영은 다양한 의견을 수렴하기 위한 스케쥴링이나 조율부분에서의 어려움이 있었고 기존 교육 과정에서 많은 수정을 해야 하는 부분은 즉시 도입, 운영을 하기에 물리적, 시간적 제약이 있어 순차적으로 도입하기로 하였다.

이렇게 얻어진 수정 운영 결과물을 가지고 활용한 결과는 학습자뿐만 아니라 입문 과정이 끝난 후 현업부서들의 만족도까지 높아지는 결과를 얻을 수 있었다. 또한 전반적인 운영에 대한 만족도 역시 높게 나타났다. 그리고 기존 외부 강사들 보다 사내 강사를 활용하여 운영하는 점에서 비용

절감효과 및 내부 직원 만족도까지 높일 수 있는 효과를 가져왔다.

　부족한 점은 서두에서 언급한 수정과정의 최초 목적인 3가지 중 글로벌 인재 채용 증가 부분에 대해서는 많은 의견들이 있어 적용하는데 어려움이 있었다. 언어, 문화적인 차이를 입문과정에 어떻게 적용해야 하는지의 논의는 해결하지 못한 과제였다. 또한 단기간 동안에 해결될 수 없는 과제가 태도변화 및 기업 문화의 변화라고 판단하였다. 단순히 신입사원 입문과정에서만 교육이 진행된다고 본 문제가 해결되지 않기 때문에 지속적으로 강조되어야 할 과제이기도 하였다. 결국 신입사원 입문교육의 수정 프로세스는 한번의 과정으로 이루어지는 상황이라기 보다는 지속적으로 보완하고 시대적 경영환경의 흐름에 맞게 변화해야 한다.

09

L사 P직무교육체계 및
과정개발

이영철

The casebook of
HRD program development

HRD 프로그램개발 사례

09   L사 P직무교육체계 및 과정개발

이영철

1   교육과정 개발 배경

본 프로그램 개발은 L사 그룹 내 P직무협의회에서 P업무 담당자를 위한 교육체계/과정개발을 요청하여 실시되었고, 관련 부문 부사장 및 임원 2명을 대상으로 요청 배경에 대한 인터뷰를 실시하였다. 인터뷰를 통해 리더(스폰서)의 니즈와 의지를 확인한 후, 교육체계개발 업무부터 착수했다. 교육체계가 완성된 후 스폰서의 요구에 따라 교육과정들 중 가장 시급하고 중요하다고 판단되는 교육과정부터 단계적으로 개발을 실시하였다.

2   구체적 개발 프로세스

P직무전문가 육성 로드맵의 최종 아웃풋인 교육체계개발은 아래 [그림 1]과 같은 프로세스와 일정에 따라 진행하였다. 교육체계개발에 있어서는 직무분석 기법인 DACUM을 활용하였고, Motorola University에서 실시했던 사례를 참고하되, 상황에 맞게 일부 수정, 보완하여 진행하였다.

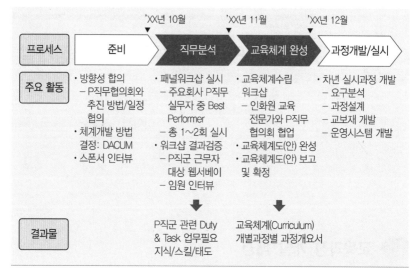

그림 1 | 교육체계 개발 프로세스와 추진 일정

1) 준비

P직무협의회 인재육성분과 소속 담당자들과 함께 교육체계/과정개발 방법론과 프로세스 및 일정에 대해 협의하였다. 이후 스폰서 인터뷰를 통해 스폰서의 니즈와 방향성을 재확인했다. 인터뷰는 기본적으로 P직무 교육체계 수립을 위한 스폰서의 방향성에 대한 확인과 요구 파악 차원에서 질문을 구성하여 실시하였다. 추가적으로 자사의 그룹 내 역할을 고려하여 자사가 지원해 주기를 바라는 사항까지 질문 리스트에 포함하여 니즈를 확인하였다. 인터뷰 질문 리스트는 다음의 내용과 같다.

> * P직무 교육체계 수립을 위한 스폰서 인터뷰 질문 리스트
> 1. 최근 P직무의 가장 핵심적인 이슈는 무엇입니까?
> 2. 최근의 상황이나 경험하신 일에 비추어 볼 때, 최고의 P직무 전문가는

어떠한 모습 또는 업무 성과를 보여야 하겠습니까?

3. 앞에서 말씀해 주신 P직무 전문가가 되기 위해 반드시 갖추어야 하는 필요한 지식이나 스킬임에도 불구하고, 부족하다고 느끼는 지식이나 스킬은 무엇입니까?

4. 역량 있는 P직무 전문가들이 최고의 성과를 창출하기 위해 필요한 지원은 어떤 것이 있습니까?

5. 글로벌 환경 또는 다가올 새로운 이슈에 대해 P직무 부문이 준비해야 할 사항이 있다면 무엇이 있습니까?

6. 앞에서 논의된 사항과 관련하여 추가적으로 더 하실 말씀이 있으시다면 부탁드립니다. 또는 본 논의와는 별개로 "자사가 P직무 전문화를 위하여 해주었으면 좋겠다"라고 부탁하실 사항이 있으시면 말해 주십시오.

2) 직무분석

직무분석은 DACUM기법에 따라 진행하였다. 먼저 P직무협의회 인재육성 분과측에 패널 워크숍을 위한 내용전문가(SME)를 요청하였다. SME에 대한 자격요건을 직접적으로 제시하여 가장 적합한 사람이 DACUM 워크숍에 참여할 수 있도록 요청했다. 자격요건은 아래와 같이 명확화했다. 또한 SME들이 선정되면 DACUM 워크숍에 반드시 참석할 수 있도록 현업 상사들의 적극적 지원이 필요함을 강조해서 전달했고, DACUM 워크숍은 2회 (8시간씩 2회 예정) 정도 예상됨을 알렸다. 아울러 P직무 인재육성분과 위원들도 DACUM 워크숍의 패널 멤버로 적극적으로 참여하면 좋을 것 같다는 제안을 했다. 이후 최종 12명의 패널들이 선정되었다. 차, 부장급 4명, 과장급 5명, 대리/사원급 3명이 결정되었고, 각각 P직무의 특정 영역에 Best Performer들로 구성되었다.

■ * DACUM 워크숍 패널 참여자(내용전문가: SME)의 자격요건
  - 현재 맡은 업무를 우수하게 수행하고 있는 사람(Best Performer)
  - 본 활동에 대해 적극적, 긍정적, 협조적인 사람
  - 교육에 관심이 있거나 교육 업무(혹은 유사 업무)를 경험한 자
  - 직무 Coverage: P직무 관련 세부 직무를 최대한 커버할 수 있도록 선정
  - 경력 Coverage: P직무 수행 경력을 다양하게 구성하여 선정(사원~부장)

　　1차 DACUM 워크숍에서는 전체 진행 프로세스와 패널들의 역할 공유, Job Description 합의 및 Duty와 Task를 도출하는 단계까지 진행하였다. 우선 패널들은 탁월한 업무수행으로 인정받는 SME들이며, DACUM의 기본 철학에 따라 Job의 내용을 가장 잘 아는 사람이며, 직무수행에 있어서 무엇이 포함되어야 하고 무엇이 배제되어야 하는지 판정하는 사람임을 강조하여 본인들의 역할을 분명히 인식하도록 했다. 이후 진행 프로세스는 다음 [그림 2]와 같다.

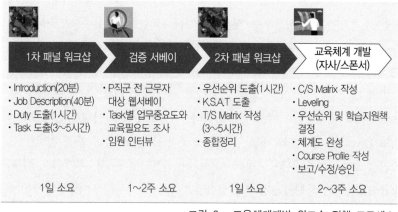

그림 2 | 교육체계개발 워크숍 진행 프로세스

DACUM 진행시 다양한 사업군의 계열사 패널들이 함께 모이다 보니 Job에 대한 용어나 정의가 조금씩 다른 부분이 있어 워크숍 첫 단계인 Job Description의 합의 과정이 오래 걸렸다. 그러나 이후 Duty와 Task 도출 진행 과정은 순조롭게 진행되었다. DACUM Facilitator는 Post-it을 사용하여 아이디어를 덧붙이고 그룹핑하는 형태로 진행하여 직급이라는 회사 위계를 벗어나 비교적 자유롭게 의견이 개진될 수 있도록 진행하였다. 워크숍 시작 시 이해를 도모하기 위해 아웃풋 이미지로 제시했던 예시는 다음과 같다.

Job Description(해외영업)

"고객의 요구에 부응하는 제품의 판매활동을 통하여 대외적으로는 세계 시장 속의 브랜드 위상 제고 및 시장 점유율을 증대하고, 대내적으로는 매출과 수익을 극대화하여 회사 발전에 기여한다."

Job Model(해외영업)

A. 수주활동	상담을 한다 A1	상담자료를 준비한다 A2	출장을 간다 A3	상담결과를 Follow up 한다 A4	Protocol을 Arrange 한다 A5	Offer Sheet를 발송한다 A6	Sample을 발송한다 A7	바이어에게 Presentation을 한다 A8
	바이어 판매 활성화를 지원한다 A9	신규 거래선을 발굴한다 A10	제품전시회 참가자료를 준비한다 A11	미팅 Memorandum을 작성한다 A12	제품전시회에 참가한다 A13	Contracts를 작성한다 A14	Sales Tool을 제공한다 A15	해외규격 취득을 요청한다 A16
	카탈로그를 제작한다 A17	상담결과를 보고한다 A18	지사원에게 제품교육을 실시한다 A19					

B. 물동관리	사업계획을 수립한다 B1	이동계획을 수립한다 B2	이동 물동 협의를 한다 B3	실적을 분석한다 B4	당월 집행 계획을 작성한다 B5	거래선 PSI를 분석한다 B6	생산요청 (P/B)을 한다 B7	생산완료 (S/R)를 통보한다 B8
	생산현황을 확인한다 B9	재고발생 원인을 분석한다 B10						

그림 3 ㅣ DACUM 워크숍 결과(예시)

133

1차 DACUM 워크숍 이후 패널들의 아웃풋에 대한 검증을 위해 그룹 내 P직무 담당 모든 임직원(약 400명)을 대상으로 1주일간 웹 서베이를 실시하였다. 각 Task 단위로 업무 중요도와 교육 필요도에 대한 의견 조사를 실시하여 중요도와 필요도가 6점(9점 만점) 이상인 항목만 교육체계 내용에 반영하기로 최종 결정하였다. 웹 서베이를 통해 업무 중요도와 교육 필요도가 모두 높게 나타난 항목(6점 이상)은 총 45개 Task였고 이를 교육체계

Task/Skill Matrix

구분	Knowledge							Skill														
	법률지식	판례지식	기술지식	경쟁사정보	재무지식	기술동향이해	자사의 이해	외국어능력	협상력	분석력	논리력	설득력	작문력	상황판단력	커뮤니케이션능력	정보검색능력	정보관리능력	창의력	독해력	일정관리능력	기획력	리더십
	●	●	●	●			●	●		●									●			
	●	●	●	●			●	●		●					●				●	●		
	●		●	●		●	●			●						●	●	●			●	
	●	●	●	●				●		●	●					●	●			●		
	●	●	●					●		●	●	●	●		●			●		●		
	●	●	●					●		●	●	●			●					●		
	●	●	●	●		●		●		●	●					●	●					
	●	●	●	●	●	●	●	●		●	●					●						
	●	●	●	●		●	●	●		●	●			●	●	●	●	●				
	●	●	●	●	●	●	●	●	●		●	●		●	●			●				●
	●	●					●	●						●	●		●			●		
	●	●	●		●		●	●							●	●	●			●		
	●	●	●	●	●	●	●			●	●				●	●		●			●	
	●	●	●	●	●	●	●	●		●	●	●		●	●		●					
	●	●	●	●		●		●		●	●					●	●					
	●	●	●	●	●	●	●			●	●											
	●	●	●	●	●	●	●			●	●				●	●		●			●	
	●	●	●	●	●	●	●	●		●	●		●		●				●	●		
	●	●	●	●		●	●	●		●	●										●	
	●	●	●					●		●									●	●		
	●	●	●	●			●	●								●	●		●			
	●	●	●		●	●	●	●		●	●		●				●	●		●		
	●	●	●				●	●						●	●				●	●		

그림 4 ı 2차 패널워크숍 도출 Task/Skill Matrix 아웃풋 이미지(예시)

에 반영하기로 하였다.

2차 패널 워크샵은 검증 웹 서베이 결과 도출된 교육우선순위가 높은 Task를 패널들이 확인하고 직무수행에 필요한 Knowledge, Skill, Attitude를 도출하여 최종적으로 Task와 Skill의 관련성 확인을 위한 Matrix를 작성하는 것을 목적으로 진행했다. 패널들은 우선 우선순위가 높은 45개 Task를 효과적으로 수행하기 위해 필요한 K/S/A(지식/스킬/태도)를 업무 경험에 근거하여 도출했다. 이후 가로축에는 이렇게 도출한 K/S/A를 나열하고 세로축에는 45개의 Task를 나열, 서로 연결시켜, 각 Task별로 어떤 K/S/A가 필요한지 표로 보여질 수 있는 Matrix를 작성하였다. 12명의 패널을 2팀으로 나누어 각각 어떤 K/S/A가 필요한지 뽑아서 정리하게 하고 최종적으로 2개팀의 결과를 비교 분석하여 협의의 과정을 거쳐 최종 도출될 수 있도록 하였다.

3) 교육체계 완성

Task/Skill Matrix를 바탕으로 도출된 주요 Duty와 주요 Knowledge/Skill을 토대로 Duty별 교육과정과 Knowledge/Skill별 교육과정을 의사결정한 후 교육체계도를 완성하고 Course Profile에 반영하였다. 교육체계도를 그리기 위해서 우선 2회의 패널 워크숍 결과를 토대로 분석을 실시하고 자사에서 초안을 완성하여 P직무협의회 인재육성분과와 논의과정을 거쳐 수정을 진행하였다. 그리고 최종 패널들의 의견 수렴을 거쳐 완성되었다.

이후 자사 내부 보고 및 스폰서 보고를 거쳐 의견을 최종적으로 반영하여 확정하였다. 교육체계도(육성 로드맵)를 한 페이지로 완성한 뒤 각 과정별로 Course Profile을 상세하게 작성하여 최종 교육체계 및 교육과정별 교육 개요서를 완성하였다.

이후 P직무 교육과정의 지속적 발전과 성공 임계점 확보를 위해서는 P직무협의회 인재육성분과의 강력한 Sponsorship과 자사와의 상호 협조가 필수적임을 강조하고, 자사와 P직무협의회 인재육성분과가 완성된 교육체계를 바탕으로 향후 어떻게 과정개발을 진행하고 운영해 나갈 지에 대한 논의를 심도 있게 진행하였다. 이를 통한 P직무협의회와 자사 간 R&R과 운영 시스템을 다음과 같이 구축했다.

표 1 | P직무 교육과정 개발/운영 시스템과 R&R

주요업무		P직무협의회	자사
주요역할		각사 P직무 담당 임원과 자사와의 Channel 역할	P직무 교육과정의 개발/개선/운영 역할
교육내용	교육내용 관련 개선의견 제시	●	◐
	신규 이슈 제시	●	●
	과정개발(개선) 및 운영	◐	●
운영 시스템	과정운영 관련 개선의견 제시	◐	●
	수강인원 Guarantee	●	
	우수강사 추천/확보	●	◐
	강사 강의 품질 향상		●
	참가자 교육이력관리	●	◐

3 교육과정 개발

DACUM을 통한 직무분석 결과를 바탕으로 중요도와 교육 필요도에 따라 우선순위가 높은 Task 중심으로 교육체계를 완성한 뒤 교육과정 중 가장 시급하고 중요한 과정부터 먼저 개발을 진행하기로 했다. 향후 2~3년 기간 동안 단계별로 전체 과정을 개발하여 실시하기로 했고, 먼저 우선순위가 높다고 판단되는 [P직무 스킬업 과정]부터 개발을 시작하였다. [P직무 스킬업 과정]은 P업무를 처음 시작하는 단계의 참가자를 위한 과정이라 주로 사내직무 전문가들을 SME로 구성하여 과정을 개발, 실시하기로 하였다. 개발방법론은 ADDIE 모형에 기반으로 하였으나 일부 상황에 맞게 수정하여 진행하기로 했다.

본격적인 개발을 진행하기에 앞서 전체 개발 프로세스(개발개요 참고)와 일정을 합의하고 SME에 대한 자격 요건 및 R&R을 정리하여 P직무협의회 인재육성분과 쪽에 요청하였다.

주요 내용은 다음의 〈표 2〉 사내 내용 전문가(SME) 선정 가이드와 〈표 3〉 개발 프로세스별 내용 전문가(SME) 주요 역할과 같다.

표 2 | 사내 내용 전문가(SME) 선정 가이드

구분	내용	비고
필요 역량	• 기본공통 　– 해당 컨텐츠에 대해서 강의할 수 있는 수준의 이론적/실무적 전문성 보유(해당 컨텐츠와 관련된 업무에 있어서 고성과를 창출하고 있는 High Performer) 　– 교육, 후배육성에 대한 관심 보유 　– 교육의 목적을 공유하고 그에 대한 사명의식을 보유 　– 스스로 특허인의 모범이 될만한 지식/스킬/태도를 보유 • 컨텐츠 개발 측면 　– 컨텐츠를 구조화할 수 있는 능력, 논리력(학습목표를 달성할 수 있도록 컨텐츠를 취사선택하고 위계를 조정) 　– 약간의 교수설계 지식(자사에서 지원) 　– 파워포인트 활용 스킬(교보재 개발 시 필요) 　– 기타: 납기 준수, 수용성과 협조성, 평가문항 출제 능력 등 • 강의 측면 　– 프레젠테이션능력: 대중 앞에서 적절한 어휘를 선택하여 조리있게 말을 하는 능력 　– 퍼실리테이션 능력: 교육참가자들의 활동과 사고를 촉진시키는 능력 　– 기타: 친화력, 인간적 매력 등	과목 (컨텐츠)당 2명의 SME가 컨텐츠를 개발하고, 강의를 담당하는 것이 일반적임
주요 역할	• 결과물: "교육참가자용 교재" "강사용 교안(강의 진행계획)" 　　　　　(필요 시 사례, 시험문제 등) • 평균 주 1회 실시되는 과정개발 미팅에 참가: 과정설계 방향성 논의, 컨텐츠 중복/누락 조정, 결과물의 점검, 세부설계에 대한 아이디어 공유, 교육 종료 후 과정개선방향 논의 등	
인화원 지원 내용	• 교수설계 지식 및 강의스킬 부분은 자사에서 지원 • 개발된 교재에 대한 원고료 지급 • 강의 시 강사료 지급 • 우수강사는 별도 포상(특허/인재개발분과와 협의 후)	

* 외부 내용전문가가 아닌 사내 내용전문가 기준

표 3 ┃ 개발 프로세스별 내용 전문가(SME) 주요 역할

과정개발 프로세스	일정	인화원	내용전문가	비고
Analysis	~03/18	• 교육요구분석 (인터뷰/서베이) • 학습자분석 • 과정설계 방향 결정	• 없음	
Design	~04/22	• 과정전체의 목적/목표 결정 • 컨텐츠(과목)별 위계 및 학습목표 결정 • 레슨플랜 확정 (내용전문가와 협업) • 교육참가자 평가전략 수립 • 교수/운영전략 수립	• 담당 과목 학습목표 확인(필요시 협의하여 수정가능) • 담당 과목의 학습목표 달성을 위한 세부 학습 컨텐츠 도출 • 담당과목 레슨플랜 작성 (인화원과 같이 진행) • 기타 평가전략, 교수/운영전략 등에 대한 검토/의견개진	• 3월 중순까지 사내 전문가 확정 후 미팅 예정
Development	~06/03	• 교보재 개발 방향성 결정: 교보재의 종류 (주교재, 핸드아웃, 평가지, 동영상 등) • 교재 디자인 및 Flow 결정 • 평가 세부계획 수립 • 강의스킬에 대한 확인 및 코칭	• 참가자용 교재 (교재 겸 강사용 슬라이드쇼) ※ 참가자용 교재와 강사용 슬라이드쇼를 별도로 개발할 수도 있음 • 레슨플랜 확정 • 필요시 사례 및 평가 문항개발	• 평균 2주 1회 미팅 • 납기준수가 매우 중요(미팅 시간은 사안에 따라 달라짐) • 미팅시간보다는 개인별 작업시간 비중이 클 것임
Implementation	~06/03	• 과정운영	• 강의 • 참가자 평가	
Evaluation	~07/08	• 과정실시결과 공유 및 피드백(참가자과정평가결과 및 담당자의견 피드백)	• 과정개선 의견 제시	• 과정 종료 후 1회 미팅

1) 분석(Analysis)

분석단계는 기존 교육체계 개발을 위해 진행했던 직무분석 데이터가 있어 비교적 수월하게 진행되었다. 스폰서를 통해 교육체계 개발시 작성했던 Course Profile을 바탕으로 방향성을 재확인하는 절차를 거쳤다. 또한 입문자를 위한 과정이라고 해도 외부 전문가 도움의 필요 여부를 인터뷰를 통해 확인한 후 P직무협의회 인재육성분과와 논의하여 검증을 거쳤다. 또한 SME가 계열사별로 골고루 선정되어 계열사의 의견이 충분히 반영될 수 있도록 요청하였다.

스폰서의 니즈와 과정개발 방향에 맞추어 실제 교육을 받게 될 1~8년차 사이의 전 계열사 사원/대리급들을 대상으로 교육 니즈에 대한 서베이를 거쳐 참가자들의 니즈를 구체적으로 확인하는 작업을 진행하여 스폰서의 니즈와 차이점도 분석했다.

주요 내용은 다음의 〈표 4〉 과정개발 요구분석 계획서와 같다.

표 4 ı 과정개발 요구분석 계획서

조사구분	조사대상	조사내용	기간	산출물
웹서베이	3) 교육대상자 (P업무 8년 미만자)	– 8년 미만 P업무자들에게 기대하는 바람직한 업무수행상의 모습 – 8년 미만 P업무자들이 업무수행상 현재 부족한 부분 또는 문제점 – 차이가 발생하는 원인 – 해결을 위한 교육지원 필요사항 또는 기대사항 – 구체적 교육내용 또는 반드시 다루어야 하는 교육내용(K.S.A 중심) – 해결을 위한 교육외적 지원사항 – 그 외 바라는 기타사항	~3월 2주	필요교육 내용
인터뷰	사외전문가 미팅	– 외부 전문가의 시각 반영 → 미팅 후 필요성 여부 사내전문가 검증	~3월 2주	필요교육 내용

P직무협의회 인재육성분과 위원들과 교육참가자의 수행 수준에 대한 설문 결과를 바탕으로 현재 수준을 파악하고 최종적으로 〈표 5〉와 같이 Gap 분석을 통해 과정개발 영역을 도출하였다. 또한 참가자 특성 분석을 통해, 교육대상자의 현재직무현황과 직무경험수준을 설문 분석하여 시사점을 도출하였으며 설계(Design)단계에서 교육내용 구성과 학습 방법 개발의 참고자료로 활용하였다.

표 5 | To-Be와 As-Is간 Gap 분석

To be	As is	Gap(Problems)	Causes	Intervention	
				해결방안	과정개발 영역
P업무 전반에 대한 충분한 이해와 기본역량을 바탕으로 효과적으로 업무를 수행하여 성과를 창출할 수 있음	본인 업무에 한정된 지식과 역량만으로 업무간 시너지와 성과를 창출하지 못함	LG의 P업무에 대한 이해 부족	P기본역량과 LG의 P업무에 대해 체계적으로 배울 수 있는 기회 부재	P업무 전반에 대한 지식과 스킬 전달	O
		사내 선배들이 업무를 통해 쌓은 노하우와 경험들이 잘 공유되지 못함	업무를 통해 쌓은 선배들의 노하우와 경험을 공유하는 기회 부재	다양한 실제사례와 노하우를 공유할 수 있는 교육과정개발	O
		본인 업무 이외 현재 수행하고 있지 않은 업무에 대한 이해와 수행수준이 낮은 편임	다양한 영역별 P업무에 대한 경험 부족	업무 로테이션 및 공동의 프로젝트를 통해 업무 경험과 성장의 기회 제공	

* 설문응답: LG P부문 사원/대리급 57.4%(70/122명)

2) 설계(Design)

설계 단계에서는 SME를 최종 확정하고 R&R를 명확히 인식시키는 활동부터 시작했다. SME는 각 Task 영역별로 내용전문가 2~3명으로 구성하여 총 12명을 선정했다. SME가 확정된 후에는 정기적(2주 단위)으로 과정개발 미팅을 진행하여 과목을 구성하고 과목별 내용 설계를 진행하였다. SME들은 과목별로 본인 영역에서 레슨플랜을 작성하고 향후 개발(Development) 단계에서 진행될 교보재 및 평가도구 개발과 실시 단계(Implementation)에서 강사로까지 활동할 수 있도록 하였다.

설계 단계에서는 교육목표를 설정하는 것에서부터 시작하여 교수전략, 레슨플랜 작성, 평가 및 운영전략 수립까지를 목표로 하였다. 각 단계별로 필요시 SME가 가진 아이디어와 노하우를 구체화할 수 있는 템플릿을 제시하여 채워오도록 하여 같이 논의하는 형태로 진행하였다. 2주 단위의 미팅을 진행하여 각 교수전략부터 운영전략까지 순차적으로 방향을 설정하고 개발을 진행했다. 설계단계는 주로 SME와 커뮤니케이션이 많으므로, 초기부터 SME들과 효과적인 커뮤니케이션이 이루어질 수 있는 공식, 비공식적인 활동이 중요했다. 공식적 모임 이외에 바쁜 SME의 일정 등을 감안하여 추가적으로 따로 모임을 갖기도 했다. 최종 아웃풋은 각 단계별 전략 방향

과목명	
학습목표	
현업적용목표	
과제	(과제가 있을 경우 사전 또는 사후과제인지 기입하고, 과제 내용도 정리)

Level 1(대분류)	Level 2(중분류)	Level 3(소분류)
1.	1.1	1.1.1
		1.1.2
	1.2	1.2.1
2.	2.1	2.1.1
		2.1.2
	2.2	2.2.1

→ MECE에 맞도록 하는 것이 중요!! 추후 강사용 슬라이드 개발 시 Level 2는 슬라이드 제목이 됨

그림 5 | 학습 목표와 Knowledge Map 템플릿

과 실시안, 레슨플랜 등이다. SME들은 과정개발 경험이 전혀 없는 사람들로 구성되어 있어, 과정개발 프로세스와 각 단계별 아웃풋들의 내용들에 대해 자세한 설명을 제공하면서 개발자와 함께 내용을 도출해 나갔다. 예를 들어 레슨플랜 작성을 위해 각 과목별 목표를 기술할 때도 목표기술의 원칙을 명확히 설명하고 탬플릿을 제시하여 실시했다.

Level 1	Level 2~3의 활동내용(진행내용)	교육방법	소요시간	사용도구
도입	• 강사소개(1분) • 목차소개(2분) • 학습목표소개(2분)	퀴즈 설명 설명	5~10분	슬라이드
		강의		동영상
		실습	(중식 60분)	
		사례연구		사례자료
			(휴식 15분)	
마무리	• 핵심내용 요약 정리(3분) • 당부사항(2분)	토의	5~10분	슬라이드/ 플립차트

그림 6 」 레슨 플랜 작성 템플릿

템플릿과 작성 가이드에 의해 만들어진 레슨플랜은 몇 번의 피드백을 거쳐 수정하였고, 2주에 1번씩 정기적인 미팅을 통해 SME들과 과정 개발 진과의 의견 수렴과 합의를 거쳐 최종 결정하였다. 그리고 과정 평가에 대한 목표 수준은 다음과 같이 결정하였다. 평가는 현업에 얼마나 유용한지 현업 적용 수준까지 살펴보는 Level 3-4단계까지 고려하기로 했다. 구체적 평가 수준과 도구는 다음과 같다. 현업 적용에 대한 평가는 SCM(Success Case Method)방법론을 도입하여 현업 적용을 통한 성공 사례를 찾아 보는 것으로 목표 수준을 잡았다.

표 6 ¦ 과정 평가 수준 및 목표

평가 Level	평가내용	목표 수준	Tool
Level 1	• 참가자 과정 평가	4.5 이상/5점 만점	OMR Card
	• NPS(과정추천지수)	75% 이상/100점 만점	
Level 2	• 학습이해수준	평균 70점 이상/100점 만점	이해도 지필 test
	• 수행수준		과목별 사전/사후과제 평가
Level 3~ Level 4	• 현업적용수준	70% 이상	SCM
	• 현업적용성공수준	15% 이상	

3) 개발(Development)

개발 단계에서는 설계(Design) 단계에서 완성된 레슨플랜에 따라 실제 강의안과 교보재, 평가도구를 만드는 활동을 진행하였다. 강의안과 교보재, 평가 도구는 각각 템플릿을 제시하여 통일된 형태로 일관성 있게 구성될 수 있도록 하였고, 여러 번의 피드백을 통해 수정, 보완하는 작업을 진행하였다.

또한 내용 전문성은 있지만 강의 경험이 부족한 강사(SME 포함)진들을 대상으로 강의 스킬에 대한 구체적 노하우를 습득할 수 있도록 강사양성 워크샵을 진행하였다. 최종 아웃풋이 완성됨에 따라 과정 실시 계획을 구체적으로 작성하여 자사 내부 보고 및 스폰서와 커뮤니케이션을 진행했다.

4) 실시(Implementation) 및 평가(Evaluation)

6개월의 과정개발 기간을 거쳐 1년에 2회, 각 차수별 30명 대상의 인원을 바탕으로 [P직무 스킬업 과정]이 실시되었다. 강사들은 각자 내용 전문성을 바탕으로 강사양성을 통해 습득한 강의 스킬을 충분히 발휘하여 강의를 잘 소화하였고, 실제 교육 수강 3개월 후 SCM 평가에서도 성공 사례를 만들어 낼 만큼 효과적으로 진행되었다.

4 결론

자사는 그룹 연수원이라는 특성상 비교적 요구가 분명한 Top down의 교육과정을 개발하게 되는 경우가 많은 편이다. 본 과정의 경우도 Top down의 교육체계 및 과정개발 프로젝트 중의 하나였고, 이런 관점에서 다양한 계층의 요구에 대한 고민이나 분석 활동을 하기 보다는 Top Down의 니즈에 맞게 진행하는 데 치중한 경향이 있다. 실제로 스폰서의 요구대로 진행되는 것이 중요하겠으나 참가자 측면에서 보다 구체적 요구들을 효과적으로 수용하는 노력 역시 중요하다.

또한 교육 내용을 실제 개발할 때, 학습 목표에 맞게 SME에게 정해진 기한 내 컨텐츠를 만들어 내도록 요청하고 담당자는 결과물만 취합하는 경우가 많은데, 내용의 형태와 구조화에 대한 담당자의 충분한 개입이 중요하였다. 그리고 이론적 배경과 근거에 따라 과정 개발을 실시하더라도 여러 가지 자원의 제약 및 현장의 다양한 이해 관계에 의해 일부 수정되거나 단계를 생략하고 과정을 개발하게 되는 경우가 생기게 마련이다. 이에 충분한 이론적 배경과 경험을 통한 노하우 축적을 통해 보다 현장 지향적이고 효과적인 과정 개발을 위한 전략적 의사결정이 요구되며 필요하다면 스폰서를 설득해 나가는 노력이 교육담당자에게 꼭 필요한 역량이라고 판단된다. 각 조직의 특성에 맞는 현장지향적이고 효과적인 고유의 과정개발 방법론을 만들어 나갈 수 있도록 하는 것이 교육 담당자의 역할이자 과제일 것이다.

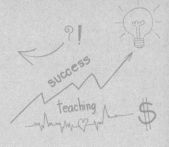

10

A사의 영업 지점장
교육과정 개발

최정희

The casebook of
HRD program development

HRD 프로그램개발 사례

10 A사의 영업 지점장 교육과정 개발

최정희

1 교육과정 개발 배경

A사의 영업 지점장 교육은 업계의 대대적인 국가 정책 변화와 외부 인력의 유입 등에 능동적으로 대응하기 위한 영업 조직으로의 변화 필요성에 따라 Top-Down 방식으로 개발되었다.

새로운 영업부 의사결정권자의 부임으로 의약품 정보 전달을 중심으로 회사 매출에 직접적으로 기여하는 영업인원에 대해 기존 보다 강화된 제품에 대한 지식과 의약, 학술 지식 향상에 대한 요구가 강화되었다.

또한 팀장 중심으로 운영되던 조직 형태를 지점장 중심의 체제로 개편하면서 외부에서 지점장 경험이 풍부한 경력 인원을 채용하기 시작하였고, 기존 팀장들의 경우 내부 면접을 통하여 지점장으로 선발하는 과정을 가졌다. 지점장은 본인의 거래처는 방문하지 않고 팀원의 실적 관리, 코칭을 통한 지점의 관리, 영업관련 지표 분석을 주 업무로 하며 기존 팀장 중심의 조직체계 보다 그 권한과 요구 수준이 훨씬 높아졌다.

개편 전 영업조직의 팀장은 별도 역할이 없었기 때문에 영업팀장에 특화된 교육이 필요하지 않았으나 개편 후 지점장 중심 조직으로의 변화에서는 팀을 이끌어 나가기 위한 다양한 영업 실무, 리더십 관련 교육이 필요하게 되었다. 또한 영업부서에서 새로운 영업조직에 대한 다양한 평가 지표 개발의 요구가 높았다. 이러한 Top의 요구에 따라 영업관련 부서와 인사부의 협업을 통해 교육과정 개발 및 영업성과 측정을 위한 각종 지표들을 내부적으로 개발하게 되었다.

2 ▶ 구체적 개발 프로세스

우선 영업조직 지점장 대상 교육과정을 개발하기 위한 첫 단계로 영업 지점장들에게 요구되는 핵심역량을 찾기 위해 벤치마킹 자료 수집, 내부 이해관계자 일대일 인터뷰, 내부인력 중 지점장 유 경험자를 대상으로 Focus Group Interview를 실시하였다. 그 결과를 종합하여 최종 영업부 의사결정 권자의 확인을 통해 핵심역량을 정리하였고, 이중 우선 교육과정으로 개발할 핵심역량을 찾기 위해 설문조사를 실시하였다.

1) 벤치마킹 자료 수집

벤치마킹 자료 수집을 위해 먼저 동종업계 영업조직 교육 담당자 및 전사 교육 담당자들에게 메일을 발송하여 관련 교육 컨텐츠, 목차 등에 대한 정보를 수집하였다. 간단하게 만든 엑셀 양식에 각 회사의 영업 지점장 교육 내용을 작성하여 회신 받는 형식으로 취합된 내용은 정리하여 회신자들에게 회람을 통해 공유했다. 둘째, 업계 영업조직 전문 교육기관에 당사의 현실에 맞는 영업조직 지점장 교육에 대한 제안서를 요청하고 제안내용에 대한 프리젠테이션을 통해 영업교육 프로그램 구성에 대한 이해를 높였다. 셋째, 프로그램 개발 담당자가 직접 해외 교육과정을 찾아보고 주요 내용을 정리했다.

총 3가지 방법으로 수집된 자료는 우선 컨텐츠 이름을 하나씩 엑셀에 입력하고 이것을 오름차순으로 정리하여 유사한 단어가 모이도록 정리하였다. 유사한 단어들이 나열된 그룹을 모아 그룹의 큰 이름을 정리하였다. 예를 들어 동행방문 계획 수립, 동행방문, 동행방문 일지 등의 컨텐츠 이름들을 모아서 그룹화 하고 이 그룹의 이름을 '활동관리'라고 정리하였다. 그룹의 이름을 정하는 부분에서는 영업교육 담당자의 도움을 받았다. 그 외 교육 일정, 기간, 빈도수도 함께 정리하여 과정개발을 위한 기초 자료로 활용했다.

2) 이해관계자 일대일 인터뷰 실시

이 교육과정은 Top－Down 형식으로 개발되었기 때문에 의사결정 권한을 가진 이해관계자를 대상으로 인터뷰를 진행했다. 인터뷰는 총 2명을 실시하였으며 이해관계자 1은 영업과 직접 연관성이 있는 대상으로 약 한시간 가량 간단한 질문에 대한 대답을 듣고, 기타 의견을 듣는 방식으로 진행되었다. 이해관계자 2는 전사적인 관점에서 지점장 교육에 대한 필요성을 중심으로 약 40분간 인터뷰를 진행했다. 각각의 인터뷰 주요 질문내용은 아래의 〈표 1〉과 같다.

표 1 ㅣ 인터뷰 주요 질문내용

이해관계자 1	이해관계자 2
1. 영업조직 지점장 제도에 대한 생각 2. 영업조직 지점장이 갖추어야 할 역량 3. 성공적인 영업조직 지점장제도 안착에 대한 기대 output 4. 영업조직 지점장 교육 개발에 대한 필요성/지원의지	1. 성공적인 영업조직 지점장 제도 정착을 위한 필수 조건 2. 영업조직 지점장 제도 운영시 고려사항 3. 본인이 생각하는 영업조직 지점장의 R&R 4. 영업조직 지점장 교육의 필요성

위에서 실시한 이해관계자 2명의 인터뷰 결과분석은 인터뷰시 사전 양해를 구하고 동의 하에 녹음을 실시하였고 녹음된 내용을 모두 기록하였다. 작성된 자료를 인터뷰 주요 질문 내용의 순서에 맞게 배열하고 면밀히 읽어가며 이해관계자가 강조한 내용에 색을 입히거나 밑줄로 표시하여 질문 별 주요 키워드를 정리했다. 정리된 키워드는 인터뷰 대상자에게 보고하여 최종확인을 받아 마무리했다.

3) 내부 직원 중 영업조직 지점장 유경험자에 대한 FGI 실시

실무 경험이 풍부한 영업조직 지점장 유경험자들을 대상으로 2차 인터뷰를 실시했으며 인원이 많은 관계로 FGI방식을 선택했다. 영업조직 지점장 교육과정 개발을 주제로 차~부장급의 지점장 경험이 있는 실무진 5명과 임원급 실무진 1명 등 총 6명으로 FGI를 실시했다. 회의실에서 자유롭게 몇 가지 주제에 대하여 돌아가면서 의견을 이야기하는 방식으로 진행되었다. 진행자가 준비한 주제는 아래의 〈표 2〉와 같다.

표 2 ┃ FGI 주요 질문(6가지)

- 영업조직 지점장의 정의?
- 본인들의 경험상 영업조직 지점장의 필요 역할
- 영업조직 지점장으로서 알면 좋은 것들
- 영업조직 지점장으로서의 어려웠던 점(애로사항)
- 가장 뿌듯했던 경험
- 영업조직 지점장의 의사결정이 주변에 미치는 영향

이해관계자 인터뷰와 동일하게 참석자들의 양해를 구한 뒤 모든 대화 내용은 녹음을 하고 FGI 종료 후 모든 내용을 기록하여 자료로 만들었다. FGI 종료 후 인터뷰 자료를 참석자들에게 전달하여 6가지의 주요 질문에 대한 주요 키워드를 스스로 정리하게 했다. 참석자들이 충분하게 키워드를 정리할 수 있도록 2일의 시간을 주었다.

FGI 종료 3일 후 해당 인원이 다시 회의실에 모여 각자 정리해온 키워드를 공유하는 시간을 가졌다. 이때 진행자는 이젤 포스트를 질문 문항 수인 6장을 준비하여 상단에 각 질문 내용들을 적어서 벽에 붙여두었다. 키워드 공유 시간이 끝나면 참석자들은 벽에 붙어있는 6장의 질문 차트에 본인이 정리한 키워드를 포스트 잇에 써서 붙여 넣도록 안내했다.

즉, 질문 2번인 영업조직 지점장의 필요역할 차트에 각자 정리한 키워드를 포스트 잇에 작성하여 붙여 넣도록 했고 포스트 잇에 붙어있던 내용들로는 '고객 세분화 및 타겟팅', '직원들과의 신뢰 형성', '직원 관리', '시장 세분화', '제품에 대한 월등한 지식', '지점원과 임원간의 의사소통 다리', '신뢰를 기반으로 한 직원 관리' 등의 내용이 있었다. 질문 한 개당 약 40개 이상의 키워드가 도출되었고 유사한 키워드들을 대표할 수 있는 단어로 제목을 뽑았다.

영업조직 지점장 교육시 꼭 필요한 내용이 무엇인지 확정하기 위하여 '가. 벤치마킹 자료 수집', '나. 이해관계자 인터뷰', '다. FGI'를 통해 정리된 결과를 한눈에 비교가 가능하도록 표로 정리하여 영업관련 최고 의사결정권자에게 보고하고 의사결정권자가 검토 후 7가지로 확정해 주었다. 이렇게 최종 확정된 영업조직 지점장에게 요구되는 7가지 핵심역할은 아래 〈표 3〉과 같다.

표 3 | 영업지점장에 요구되는 7가지 핵심역할

① 지점원 코칭(코칭을 위한 기본 지식 학습 및 Skills, 코칭 보고서 작성)
② 지역에 대한 이해 및 관리(시장분석과 세분화, 타겟 포인트 정리)
③ 지점 관리(지점원 동기부여 및 활성화)
④ 활동 관리(지점원들의 활동 계획 및 Call 관리, 지점의 예산관리)
⑤ Mind-set(정보보안, 기본적인 마인드 유지, 매너 등)
⑥ 각종 기획(성과를 낼 수 있는 지점차원의 각종 전략 수립)
⑦ 제품 지식(제품에 대한 높은 수준의 지식, 의약학 고급정보 습득)

4) 설문조사

한정된 예산, 시간으로 인하여 7가지 핵심 역량을 한번에 교육과정으로 개발하는 것에는 무리가 있어 현실적으로 반드시 교육이 필요한 역량을 찾아 교육과정으로 우선 개발하기 위해 마지막 단계인 설문조사를 실시하였다.

설문조사 대상은 영업조직 지점장 후보자(20명), 예비 영업조직 지점장 후보자(차석 10명)를 합하여 총 30명 대상으로 온라인으로 진행되었다. 원활한 설문조사를 위하여 간단한 설문 실시 목적이 담긴 이메일을 대상자들에게 발송하여 이해를 도왔고 7가지 핵심 역할에 대한 내용을 중심으로 설문문항을 구성했다(아래 [그림 1] 참조).

Ⅰ. 지점장 제도 도입 관련 기본 이해도 조사									
(다음 문항을 읽고 본인의 현 이해도와 교육 후 기대정도를 표시해 주시기 바랍니다)									
기본 조사									
1. 귀하의 영업경험은 총 몇 년입니까? ( )									
2. 귀하의 학력은 어느정도 입니까?									
① 박사 이상 ② 석사 이상 ③ 학사 이상 ④ 전문학사 이상									
3. 현 조직에서의 근속년수는 얼마입니까? ( )									
4. 현재 영업조직은 개편이 필요하다고 생각한다.					1	2	3	4	5
5. 나는 영업 지점장 제도에 대해 경험해본 적이 있다.					1	2	3	4	5
6. 나는 영업 지점장의 역할에 대해 알고 있다.					1	2	3	4	5

1. 지점원 코칭 관련 항목										
현재 이해도						향후 기대 정도				
1	2	3	4	5	1. 지점원 코칭의 중요성에 대해 인식하고 있다.	1	2	3	4	5
1	2	3	4	5	2. 코칭 프로세스에 대해 알고 있다.	1	2	3	4	5
1	2	3	4	5	3. 나는 독자적으로 지점원 코칭을 할 수 있다.	1	2	3	4	5
1	2	3	4	5	4. 코칭의 결과를 분석하고 피드백 할 수 있다.	1	2	3	4	5
5. 지점원 코칭을 통해 기대하는 바는 무엇입니까? (주관식으로 기술)										

그림 1 | 설문문항 예시

온라인 설문을 통해 응답된 데이터는 우선 전체 문항의 현재 이해도 평균, 향후 기대정도 평균을 계산하여 응답자들의 현 위치를 파악했다. 이 결과 현재 이해도는 3.2수준을 나타냈고 향후 기대정도는 4.76을 나타냈다. 설문의 목적이 가장 필요로 하는 핵심역할을 찾는 것이었으므로 7개의 핵심역량별 평균을 구해 향후 기대정도 - 현재 이해도 점수의 차이가 큰 핵심역할부터 정렬했다. 예를 들면, 7개 전체 항목의 향후 기대수준은 4.76이고 현재 이해도 수준은 3.2로 나타났으면 두 문항의 차이는 1.56이다. 이것을 기준으로 7개 항목의 차이를 계산한 결과 지점장 역할 지점장 제도에 대한 이해(지점장이란 누구이며 어떤 역할을 하는 사람인가?), 지점원 관리(코칭, 멘토링 등) 역량이 1.56보다 높게 나타났다. 온라인 설문결과를 정리하여 우선적으로 개발하여 교육 필요성이 있는 핵심역할을 찾아내고 최종적으로 영업 의사결정권자의 확인을 받아 확정했다.

3 ▶ 교수설계

최종적으로 의사결정을 받아 교육 과정으로 개발하기로 한 지점장의 핵심 역할은 지점장 제도에 대한 이해, 지점원 관리, 활동관리로 정리되었다. 제품지식과 매너 & 마인드셋 역량은 공통역량으로 설정되어 있어 모든 대상에 공통으로 해당되는 교육내용이다. 본격적인 교수설계에 들어가기 전 사내에 내용 전문가가 부족한 관계로 추천을 받아 외부 내용전문가를 초청하여 공동으로 내용에 대한 개발을 진행했다. 외부 전문가의 선정 기준은 업계의 영업경험이 있고, 전문 트레이닝 교육을 최소 3년 이상 받은 인원으로 영업부 의사결정권자가 최종적으로 선택했다.

설문결과를 분석하면서 영업 경력에 따라 필요 핵심역량의 수준차이가 많이 난다는 것을 발견하게 되었고 중장기적 육성전략에 기반하여 영업 경력에 따라 영업 지점장을 예비인원, 초급, 중급, 고급의 4단계 수준으로 분류하고 수준별 필요 역량 분류표를 작성하였다(아래 [그림 2] 참조).

각 모듈에 대한 세부 주제, 목적 및 기대효과 등은 모듈 개발 담당자가 각각 진행하고 최종적으로 영업부 의사결정권자의 확인 후 확정하는 방식으로 진행되었다.

[지점장 수준별 개발필요 역량 분류 표]				
기획과 관리				
지점 관리				
활동 관리				
지역 관리				
--지점원 코칭--				
매너와 마인드셋	공통 Track			
제품 지식	공통 Track			
Special Program	선배 지점장 멘토링			Executive 멘토링
역량구분 / 대상	지점장 후보자 (대행)	초급 (3년 미만)	중급 (7년 미만)	고급 (7년 이상)

그림 2 ၊ 지점장 수준별 개발필요 역량 분류 표

1) Module 1: 제품교육

▶ 목적 및 기대효과

가. 영업활동과 관련된 다양한 정책 변경에 대해 이해하고 지점원 지도시 활용할 수 있다.

나. 의약품 제공 후 고객들의 피드백에 대한 대응 매뉴얼을 숙지하여 불만을 최소화 할 수 있다.

다. 최신 학술 임상 논문 자료에 대해 이해하고 해석하여 자사 제품 디테일 포인트를 만들어 낼 수 있다.

세부 Topic	주요 내용	담당	시간	필요기자재
공정경쟁규약	「의약품 거래에 관한 공정경쟁규약」 상의 다양한 이슈 학습	A팀	4H	강의안
고객 불만처리	유해사례 및 불만 발생 시 업무 처리 절차 학습	B팀	4H	강의안 대응 매뉴얼
학술/임상 이해	제품 질환별 학술 최신논문 및 임상 결과와 해석방법	C팀	8H	강의안
제품 이해	주요제품 내용 및 디테일 메시지 학습	D팀	8H	강의안 제품 리플렛 제품 샘플

2) Module 2: Business Management

▶ 목적 및 기대효과

가. 영업조직 지점장이란 무엇인지에 대해 역할과 책임에 대해 이해하고 현업에서 역할을 수행할 수 있다.

나. 각종 영업관련 데이터에 접근하여 필요 정보를 추출해 낼 수 있고 의미를 해석할 수 있다.

다. 세분화와 타켓팅에 대해 이해하고 이를 통해 고객을 분류할 수 있고, 분류된 고객에 따라 알맞은 지점원 활동 전략(Call 위주)을 수립할 수 있다.

세부 Topic	주요 내용	담당	시간	필요기자재
영업조직 지점장 R&R	영업조직 지점장 제도의 정의 영업조직 지점장의 역할과 책임 학습	외부전문가	4H	강의안 그룹 Work Sheet
S&T	Segmentation & Targeting 개념 고객의 재 분류 방법 학습 기본 Data 보는 방법	외부전문가 E팀	5H	강의안 플립차트, 포스트잇, 스티커

세부 Topic	주요 내용	담당	시간	필요기자재
Call Management	S&T에 따른 Call plan 방법 Call 구분 방법, 기본 스크립트 세팅	외부전문가 E팀	5H	강의안 스크립트 Paper
OA 사용법	각종 자료 작성을 위한 MS-Office 고급기능 사용 교육	E팀	2H	강의안 노트북

3) Module 3: People Management

목적 및 기대효과: 코칭의 이해 및 Skill-Set 학습을 통해 현업에서 지점원 코칭을 할 수 있다.

세부 Topic	주요 내용	담당	시간	필요기자재
지점원 코칭	코칭의 기본 개념 이해 동행방문 후 지점원의 Detail에 대한 코칭 및 피드백 실습	외부전문가	6H	강의안 코칭폼

4 평가방법 및 결과

각 교육과정에 대한 평가는 아래와 같이 진행되었고 모듈별 평가 요소와 비율을 다르게 적용하여 하위 30%는 재교육을 실시했다.

교육에 대한 평가결과로는 3개의 Module 중 Business Management에 대한 만족도가 10점 만점에서 9.8로 가장 높게 나타났다. 이 Module에서 다룬 주요 내용은 지점장 제도에 대한 이해와 지역과 고객군의 재 배치와 타겟팅에 관한 것으로 업무에 실질적으로 도움이 되었다고 응답하였다. 또한 이해도 평가(시험)를 통해 각 지점별 고객세분화 및 타켓팅 아웃풋을 도출했다.

구분	평가방법	비율
Module 1: 제품교육	과정에 대한 만족도 평가 교육 내용에 대한 이해도 평가(시험)	40%
Module 2: Business Management	과정에 대한 만족도 평가 교육 내용에 대한 이해도 평가(시험) 동료 평가(call 스크립트 작성 및 롤플레잉)	40%
Module 3: People Management	과정에 대한 만족도 평가 디테일 롤플레잉 및 동행방문 평가	20%

Module 3에서는 지점원 코칭을 위한 기본적인 코칭의 개념과 프로세스에 대해 학습하고 회사 고유의 코칭폼을 만들어 롤플레잉을 실시한 것에 대한 만족도가 높았다.

특히 Module 2: Business Management에 대해서는 교육 종료 2개월~6개월 후 현업 적용을 위하여 Call 관리, S&T 결과를 모니터링하여 사후관리를 진행했다.

5 결론

그동안의 과정 개발은 의사결정권자로부터 지시를 받아 외부 교육업체에 니즈를 전달하여 개발하던 방식이었다면 본 영업조직 지점장 교육 과정 개발은 약 4개월 정도의 시간을 투입하여 자체적으로 개발한 매우 의미 있는 교육과정이었다. 특히 외부 전문가의 투입을 최소화 하였다는 점에서 내부의 인력들로 구성된 과정개발팀의 업무능력이 많이 향상된 결과를 가져왔다.

과정에 대한 전체 만족도는 10점 만점에 9.7 이상으로 매우 높게 나타났으며 새로운 지점장 제도 도입의 조기 정착 및 안정화에 도움이 된 것으로 내부적으로 평가를 받았다. 또한 전국에 흩어져 있는 지점장들과 기존의 인력 및 외부에서 유입된 인력이 제도 도입 초기에 한자리에 모여 인적 네트워크를 구축했다는 점에서 조직의 분위기 형성 등에 긍정적인 역할을 했다. 영업조직 지점장 첫 도입에 맞춰 개발된 과정으로 새로 임명된 영업조직 지점장 및 교육 개발 담당자, 의사결정권자를 두루 만족시킨 교육이었고 단순히 교육의 관점에서 그치지 않고 HRM과 영업을 관리하는 부서와의 연계를 통해 지속적인 현업활용을 시스템적으로 구현했다는 점에서 그 의미가 있다. 그러나 내부에 영업조직 지점장 교육 전문가가 없어 핵심적이었던 Business Management 모듈에서 일부 외부전문가의 컨텐츠를 그대로 사용할 수밖에 없었던 점은 한계점으로 지적되어 내부 전문가 육성의 필요성이 대두되는 계기가 되었다.

11

A사 기능직 사원의
전문성 향상을 위한
진급 교육과정 개발

이주영

The casebook of
HRD program development

HRD 프로그램개발 사례

11 A사 기능직 사원의 전문성 향상을 위한 진급 교육과정 개발

이주영

1 교육과정 개발 배경

주력 제품의 세계 시장 판매가 성숙기에 접어들면서 매출 부진이 예상되자, 신규 제품 시장으로의 사업 영역 확대와 수익성 강화에 집중하기 위한 경영 전략이 수립되었다. 경쟁사 보다 빨리 신제품을 개발, 출시해야 하고, 기존 제품들은 원가 절감을 통하여 수익성을 강화해야 했다. 이를 위해서 경영진들은 구성원들의 기본 역량이 뒷받침 되어야 함을 강조하였다. HRD부서로 구성원들의 기본 역량 강화 교육을 개발하라는 과제가 주어졌다.

A사에서 진행 중인 교육과정들을 살펴본 결과, 사무직 사원들 대상으로는 그동안 많은 시간, 비용을 투자하여 직급, 직책별로 체계적인 교육을 개발, 운영해오고 있었다. 그러나 전사 직원 중 약 68%의 비중을 차지하는 기능직 사원들을 대상으로 한 교육과정은 양적, 질적으로 부족한 편이었다. 평균 근속 연수가 사무직보다 상대적으로 짧다 보니 장기적 관점이 필요한 육성에서는 그 기회가 적었던 것이다. 기존에는 현장의 문제 개선과 의사결정을 사무직 사원들이 수행하고, 기능직 사원들은 지시 사항을 이행하는 역할을 해왔다. 하지만 현장의 문제는 기능직 사원들이 가장 잘 알고 있다

는 판단 아래 불필요한 보고 체계와 시간 낭비를 줄이고 기능직 사원들에게 의사 결정 권한을 위임하는 시스템을 구축하고 있는 상황이었다. 이에 따라 기능직 사원들의 육성과 역량 강화도 필요한 상황이었다.

이번 기회를 통해 기능직 전 직급별 역할과 역량을 분석하고 이를 반영한 교육 프로그램을 개발하여 예비 기능직 리더들을 확보, 성장시키고자 하였다. 체계적인 육성을 통해 성장한 기능직 리더들이 현장에서 주도적으로 역할 수행을 해주기를 기대하고 있다.

기능직 사원들은 입사 후 진급 전형을 거쳐 사원, 기사, 주임, 기장, 기정으로 직급과 호칭이 상승한다. 생산, 검사 등 기능별로 2~30명으로 구성된 조직 단위인 '반'의 리더를 반장, 반들이 모인 상위 조직을 '계', 리더를 계장이라고 하며 기장 직급 이상에서 선임된다. 공식 직책은 아니지만 반장 부재 시 업무 대행을 할 수 있는 선임 사원들이 기사 직급 이상에서 선발되어 역할을 수행하고 있다.

진급 교육은 기능직 진급 전형에서 교육 점수로 포함되어 있는 만큼 기능직 사원들은 물론이고, 노동조합, HRM, HRD에서도 매년 실시하는 필수 교육으로 인지하고 있다. 리더 직책 선임 이전에 필요한 역량을 이해할 수 있는 유일한 교육이기 때문에 진급 교육을 기본 역량 강화를 위한 프로그램으로 활용하고자 하였다.

A사에서는 '진급'이란 현장에서의 경험과 숙련을 바탕으로 지식과 기능이 향상된 데에 따른 능력 수준을 회사로부터 공식적으로 인정 받아 직급이 상향 이동하는 것으로 정의하고 있지만, 진급 교육 내용은 직급별로 정리된 바가 없는 상황이었다. 기능직 사원들의 업무 내용은 실질적으로 지난 5년간 큰 변화가 없었지만 기사 진급 교육의 내용은 최근 5개년간 교육 담당자가 변경될 때마다 변경되었다. HRD담당자로서 업무 성과는 교육 내용 개선이라는 인식 때문이었다.

이번 프로젝트를 통해서 기능직 직급별로 요구되는 역할 수행을 위한 역량을 기반으로 진급 교육 내용을 구성하고자 한다. 총 4개 진급 교육 과정 개선을 동시에 진행하기가 현실적으로 불가능하기 때문에 교육 계획 일정상 가장 빨리 실시되는 기사 진급 교육부터 개선하기로 하였다.

2 구체적 개발 프로세스

기사 진급 교육 개발 프로젝트의 범위는 현장에서 기사에게 기대하는 역할을 확인하고, 그 역할을 원활하게 수행하기 위한 기본 역량을 도출해 내는 것으로 한정하였다. 사무직에 비해 단순한 업무를 수행하긴 하지만, 공정 자체가 복잡하여 기능직의 직무 또한 세부적으로 분류하면 50개 이상이기 때문에, 이번 프로젝트에서는 별도의 직무 분석은 실시하지 않고 과거 자료 분석으로 대체하였다. 실제로 OJT나 설비 운영과 같은 직무 교육은 현장의 별도 조직에서 실행하고 있기 때문에 HRD에서는 직무에 상관없이 기사라는 직급 역할 수행을 위해 필요한 공통 역량만 교육 프로그램에 포함하기로 하였다.

이를 위해서 첫째, Stakeholder Interview & 구성원 FGI를 통해 역할 기대 사항 및 진급 교육의 방향성을 수립하고, 둘째, 기존 문헌 및 자료 분석을 통해 공통 역량을 검증, 마지막으로 현재 기능직 리더 대상 설문조사를 통하여 공통 역량의 우선 순위를 파악하였다. 기능직 사원의 직무의 종류는 다양하지만 변화가 크지 않다고 판단하여 별도의 직무 분석은 실시하지 않고 과거 자료 분석으로 대체하였다.

1) Stakeholder Interview & 구성원 FGI

Stakeholder는 기능직 사원들이 속해 있는 생산 조직의 직속 임원 2명, HR 임원(HRM, HRD, 노무) 3명으로 선정하였다. 생산 조직 임원 2명을 통하여 기능직 사원에 대한 기대사항과 육성에 대한 Needs를 청취하고, HR 임원을 통해 이번 프로젝트의 방향성과 공통 역량 도출의 시사점을 파악하고자 하였다. 각 임원들 Interview는 1대1로 진행되었다.

구성원 FGI는 기능직 리더 17명을 두 그룹으로 2회, 기능직 채용과 진급, 노동조합 관리를 담당하고 있는 노무 실무자 5명을 한 그룹으로 1회 진행하였다. 현업의 생생한 Needs를 기능직 리더와 HR관점에서 듣고자 하였다.

Interview와 FGI의 Key Question은 다음과 같이 두 가지였다. 첫째, 기능직 사원들은 직급별로 현장에서 어떤 역할을 수행해야 하는가? 둘째, 현장에서 기능직 사원들에게 요구되는 가장 중요한 역량은 무엇인가?

Interview와 FGI는 사전에 준비한 Key question 위주의 질문지를 바탕으로 질의응답을 하였으며, 녹취 없이 진행자가 직접 응답을 기록하는 방식으로 진행되었다. 다양한 응답들 중 임원과 기능직 리더가 어느 정도 강조했었는지, 본 프로젝트와 관련성을 고려하여 담당자의 판단 아래 방향성을 도출하였다.

2) 문헌 검토

과거 HRM, HRD에서 기능직 직급별 역할, 역량 정의에 대한 프로젝트를 실시한 바 있으며, 기능직 사원들의 직무는 그동안 큰 변화가 없다고 판단했기 때문에 기존 문헌을 검토하였다. 직무 별로 차이는 있으나 평균 3년차 이상이 되면 기능직 직무를 완전히 숙지하고 수행할 수 있는 것으로 보았다. 문헌 검토결과와 Stakeholder Interview와 구성원 FGI 결과를 검토하여 공통적으로 언급된 39개 역량을 도출하였다.

3) On-Line Survey

앞서 도출된 39개 역량에 대한 중요도와 우선순위를 파악하기 위하여 기사 직급 이상 기능직 사원 1,000명을 대상으로 On-Line Survey를 실시하였다. 전체 39개 역량 중 기사/주임/기장 이상 각 직급별 중요하다고 생각하는 역량을 5개씩 선택하도록 하였다. 응답율은 24%였으며, 빈도 순으로 5개 역량을 선정하였다. 이 중에서 다른 기능직 진급 교육과정에서 다루고 있는 역량을 제외하여 기사 진급 교육에서는 4개의 공통 역량을 확정하였다.

4) 학습자 분석

학습자의 인구통계학적 특성을 파악하기 위하여 전사원 명단을 분석하였다. 여성은 49.4%, 남성은 50.6%였다. 여성의 경우 고졸이 43.4%로 가장 많은 비율을 차지했다. 남성의 경우 전문대졸이 39%, 고졸이 11.4%였다. 연령은 20대가 97.3%로 다수를 차지했고 30대는 1.4%에 불과하였다.

또한 학습자 특성을 파악하기 위하여 다음과 같은 세 가지 방법을 사용하였다. 첫째, 기능직 리더들을 통하여 모범 사원이라 할 수 있을 만한 기사들을 추천 받아 인터뷰하였다. 현재 기사 진급 예정자 또래 사원들의 문화에 대한 선배사원의 목소리를 듣기 위함이었다. 둘째, 사내 심리 상담사를 인터뷰하여 기능직 사원들의 가장 큰 고민이나 정서적 상태에 대하여 파악하였다. 셋째, 취업 카페 검색을 통하여 기능직 사원들이 자신의 위치에 대하여 대외적으로 어떻게 인식하고 있는지를 조사하였다. 분석결과 제조업 특유의 군대문화를 갖고 있었으며, 4년제 대학을 졸업한 또래 친구들과 비교하며 내가 왜 여기에 있는지에 대한 고민을 가장 많이 하는 것으로 나타났다. 선배들 또한 업무 수행 능력은 시간이 지남에 따라 숙련도가 높아지기 때문에 조직 적응과 태도 측면에서 기대하는 바를 강조하였다.

5) 역량

(1)과 (4)에서 파악한 학습자 특성과 기대 사항을 토대로 담당자와

HRD 팀장이 모인 자리에서 기사 직급의 역할을 정의하였다. 역할 수행을 위한 역량은 (2)와 (3)에서 도출한 4가지로 확정하였다. HR 임원, 노무팀장 대상으로는 4가지 역량에 대하여 직접 보고하였으며, 노동조합 간부 대상으로는 단체 공유회를 실시하여 4가지 역량에 대해 재확인하는 절차를 거쳤다. 별다른 이견없이 기사 진급에서 필요한 기본 역량 4가지가 확정되었다. 1박 2일 동안 기사 진급 예정자들이 4가지 역량에 대하여 현재 본인의 상태를 인지하고, 바람직한 상태로 갈 수 있도록 교육 내용을 구성하였다.

3 ▶ 평가방법 및 결과

본 과정을 이수하는 것으로 교육 대상자는 진급전형에서 10 Point를 받게 된다. 교육 과정에 대한 평가는 교육 종료 후 담당자가 직접 만족도 조사 용지를 배포하고 수거하는 Level 1평가만 실시하였다. 정량 평가는 6점 척도로 매우 만족할 경우 6점, 불만족할 경우 1점을 선택하도록 구성하였다. 평가의 구성은 크게 교육 평가, 강사 평가, 교육 환경의 3가지였다. 교육 내용은 사전에 본 교육 내용에 대한 학습 수준이 어느 정도였는지, 교육 내용은 학습 목표를 달성하기 위해 적절하게 구성되었는지 2가지 문항으로 구성하였다. 강사 평가는 강사의 준비성, 열정과 태도, 전문성에 대하여 질문하였다. 교육 환경은 교보재와 시설 2가지를 평가하는 문항으로 구성하였다. 마지막 문항은 교육에 대한 전반적인 만족도에 대한 평가였다. 개선점에 대해서는 자유응답으로 기술하도록 하였다.

4 결론

이번 진급 교육 과정 개선은 역량을 기반으로 기능직 교육 체계를 수립하고 교육 과정을 개발하자는 취지였으나, 실제 프로젝트를 수행하는데 한계점이 있었다. 기능직의 경우 직급이 올라갈수록 직무 수행의 숙련도는 높아지지만, 리더 직책을 수행하기 전까지는 역할 수행의 큰 차이가 없다는 점이었다. 직무를 완전히 숙지하고 수행하는 데 평균 3년이 걸린다고 보고 있는데, 리더 직책이 되기 전까지는 실질적으로 4년차 기사와 10년차 기장이 수행하는 역할도, 직무도, 요구되는 역량도 같았다. 그러나 모든 직급에서 필요한 역할과 역량이 같다면 교육에서 다루어야 할 내용도 같다는 결론으로 도출될 수 있으므로 기사 직급에서만 갖추어야 할 공통 역량을 사원이나 주임, 기장, 기정 직급과 차별화해야 한다는 접근으로 프로젝트는 진행되었다. 역량을 도출할 때 담당자의 주관적 판단이 완전히 배제될 수는 없지만, 이번 프로젝트는 타 진급 교육 내용과의 차별화를 위해 담당자의 주관이 더 많이 작용될 수밖에 없었다.

또한 기업에서 교육 과정 개발을 할 때 반드시 포함하게 되는 Stakeholder가 임원인데, 실질적으로 임원은 기능직 출신이 아니기 때문에 기능직 역할에 대해 직급별로 명확하게 구분하여 응답하는 것이 불가능했다. 기능직 리더들 또한 실무 보다는 조직 관리 위주의 업무들을 많이 하다 보니 역할 기대 사항과 역량을 세부적으로 질문하여 도출하기는 어려웠다. 하지만 육성 체계 수립의 방향성, 리더 관점에서 중요하다고 판단한 역량을 파악했다는 점에서 의미가 있었다.

저 / 자 / 약 / 력 (ㄱㄴㄷ순)

조대연

숙명여자대학교 교육학부 교수를 거쳐 현재 고려대학교 교육학과 교수로 재직중이다. (전)고려대 평생교육원장, (현)HRD정책연구소장, (현)고려대학교 교육대학원 평생교육 전공과 기업교육전공 주임교수, (현)한국인력개발학회 부회장으로 활동중이다. 프로그램 개발, HRD정책, 성인학습이론 등에 관심을 갖고 연구하고 있다.

김재영

10년차 HRDer로서 교육 체계 수립, 리더십 교육과정 개발 및 핵심가치 내재화 관련 업무 를 수행하고 있으며, 커뮤니케이션, 전략적 문제해결 분야에서 사내강사로 활동하고 있다. Action Learning, 체계적 신입사원 육성 방안에 관심을 가지고 조직 성과에 기여하고자 노력하고 있다.

김현근

국내 대기업에서 교육체계 수립 및 운영, 핵심인재 선발/육성, 조직개발, 채용 및 평가 기획 등 다양한 경험을 하였으며, 현재는 그룹 연수원에서 HRD의 Perspective를 높이고 있다. 취미는 여행, 새로운 것을 경험하는 걸 좋아한다.

신다정

국내 기업에서 HRD로 근무 중인 9년차로 전사 교육체계 수립, 리더십역량 체계 수립, 리더십/직무교육 과정 개발에 주력해왔다. 개인적으로는 사람의 개별성에 대한 존중과 통찰을 가지기 위해 문화생활을 즐긴다. 다양성 영화들을 보는 것은 오랜 취미였고 언젠 가는 영화 100년사 거장 감독들의 필모를 집대성하고자 하는 소박한(?) 꿈을 가지고 있다. 또한 문학, 소설을 즐겨 읽는다.

유승현

국내 기업의 그룹 연수원에서 HRD 담당으로 가치 및 리더십 교육과정 개발, Assessment 관련 업무를 수행해 왔으며 현재는 외국계 기업의 조직개발 담당으로 인사전략 수립, 직무 관리 및 핵심인재 육성 관련 업무를 수행하고 있다. 주요 관심 분야는 성과관리, 직무분석, 핵심인재이며, 취미로 식도락과 볼링을 즐긴다.

이만호

HRD Specialist를 꿈꾸는 10년차 교육쟁이, 생각쟁이, 꿈지라기, 이상주의자인 동시에 현실주의자. 깊이 고민하며 살지 않길 희망하지만, 고민하는 것이 취미이자 생활이다. 교육체계수립, 직무분석, 핵심가치 내재화, 과정개발 및 강의 등의 직무경험이 있으며, 다 양한 경험과 연구를 통해 조직 성과에 기여하는 HRD를 실천하고자 노력 중이다.

이영철

현재 국내 대기업에서 개인 맞춤형 디지털 러닝 플랫폼 구축, 핵심가치, 전문 직무, 리더십 교육과정 개발, 비지니스 사례 개발, Assessor 등의 업무를 수행하고 있다. 주요 관심 분야는 교육과정 개발, 조직 개발 등이며, 나와 타인의 정신적 성장을 위해 끊임없이 스스로를 확장해 나가려고 노력하고 있다.

이주영

대학 4학년 때, 우연한 기회로 HRD를 알게 되었고, 그 이후 이 길만을 걸어 어느덧 10년 차를 내다보고 있다. 기업 현장에서 다양한 HRD 인터벤션들을 경험해 보았지만, 아직도 더 배워야 할 것들이 많음을 느낀다. 조직에 속해 있는 만큼, 조직에 도움이 될 수 있는 HRD 전략들을 제안하는 HRDer가 되고 싶다.

정주용

SK telecom에서 마케팅, 인재육성 업무를 거쳐 2013년 기업교육회사인 '인재의 숲'을 창업하여 제품/서비스/조직문화 혁신방법론인 디자인 씽킹 기반의 강의와 컨설팅을 주로 수행해 오고 있다.

최정희

주요 직무경력은 인사기획 및 평가, 특화 직무교육 및 핵심인재 교육과정 개발, 사내 Facilitator 활동 등이며 여행을 사랑하고, 야구와 베이킹으로 스트레스를 해소하는 자유로운 영혼의 인사쟁이다.

한철기

국내 기업에서 경영/전략/영업기획과 조직 프로세스 개발/혁신의 직무경험이 있다. 조직 내 발전과 개인적인 성공을 함께 이뤄내는 것을 삶의 목표로 하고 있으며, 매사에 새로운 것을 찾아내는 창의적인 사고를 갖고 업무에 임하는 것이 지향점이다.

HRD 프로그램개발 사례

초판발행　　　2017년 11월　1일
중판발행　　　2019년　8월 10일

편저자　　　　조대연
펴낸이　　　　노　현

편　집　　　　한두희
기획/마케팅　　노　현
표지디자인　　조아라
제　작　　　　우인도·고철민

펴낸곳　　　　㈜ 피와이메이트
　　　　　　　서울특별시 금천구 가산디지털2로 53, 한라시그마밸리 210호(가산동)
　　　　　　　등록　2014. 2. 12. 제2018-000080호
전　화　　　　02)733-6771
f a x　　　　02)736-4818
e-mail　　　　pys@pybook.co.kr
homepage　　　www.pybook.co.kr
ISBN　　　　　979-11-88040-30-8　93370

정　가　　　　12,000원

박영스토리는 박영사와 함께하는 브랜드입니다.